U0131653

我
们
一
起
解
决
问
题

恰如其分的父母语言

张心悦 著

人民邮电出版社

北京

图书在版编目（CIP）数据

恰如其分的父母语言 / 张心悦著. -- 北京 : 人民
邮电出版社，2024.4（2024.6重印）
ISBN 978-7-115-64024-6

Ⅰ. ①恰… Ⅱ. ①张… Ⅲ. ①亲子教育 Ⅳ.
①G781

中国国家版本馆CIP数据核字(2024)第061557号

内 容 提 要

怎么夸，才能促进孩子落实行动？如何了解孩子所说的话的背后故事？如何终结"吼作业"，帮助孩子养成好习惯、戒掉坏习惯？……这些养育中的具体问题常常困扰着每天都会遭遇各种新问题的父母们。

本书是一本专注于与孩子有效沟通的宝贵指南。作者因有着心理咨询师与孩子妈妈的双重身份，在写作本书时始终秉持着真诚与尊重的态度，在书中详细呈现了亲子沟通中的 9 大现实场景：夸奖、批评、询问、支持、放手、决定、交流、冲突及陪伴，并且全书针对 45 个热点问题提供了 50 个工具，可参考性极强。

本书尤其适合与孩子共同成长的年轻父母，希望大家在阅读后能解决自己在养育中的真实困惑，学会说出恰如其分的父母语言，培养出独立、自主、不慌张，面对未来有充足底气的孩子。

◆　　著　　张心悦
　　责任编辑　姜　珊
　　责任印制　彭志环

◆人民邮电出版社出版发行　　北京市丰台区成寿寺路 11 号
　　邮编 100164　　电子邮件 315@ptpress.com.cn
　　网址 https://www.ptpress.com.cn
　　三河市中晟雅豪印务有限公司印刷

◆开本：880×1230　1/32
　　印张：9.25　　　　　　　　　　　2024 年 4 月第 1 版
　　字数：200 千字　　　　　　　2024 年 6 月河北第 3 次印刷

定　价：59.80 元
读者服务热线：（010）81055656　印装质量热线：（010）81055316
反盗版热线：（010）81055315
广告经营许可证：京东市监广登字 20170147 号

好好说话，给孩子直面未来的底气

专家说的教育理念如何用在生活中解决实际问题？

"别人家孩子"的教育经验拿过来照做会有效吗？

怎么报课外班？如何表扬、批评？手机到底能不能用……这些养育中的具体问题有标准答案吗？

人们都说，很多事，等孩子长大后，父母回头再看，自然就懂了。但当我们第一次踏上这条养娃之路的时候，都难免迷茫、慌张、不敢确定……

我们，到底该如何去爱？

爱，的确很抽象。

但是，"说话"可以很具体。

每天高质量地对话 2 分钟，一年就是 700 分钟，相当于 15 次高水平的心理干预。这样的谈话足以处理好一个常见的 PTSD

（创伤后应激障碍）症状。反过来，如果每天暴力沟通2分钟，也会给孩子造成难以愈合的心理创伤。

好好陪伴孩子50分钟，就是正常地待着聊聊天，相当于1次支持性心理咨询。坚持300次这样的咨询，可以改变一个"人格障碍"的来访者。也就是说，如果父母能够像咨询师这么高质量地说话，几年下来，足以深远地影响到孩子的人格塑造。

语言有不可思议的力量，改变沟通方式是最直接的改善关系的方法。父母好好说话，就是在给出最具体的、最直接的、最有效的爱。

"父母改口，孩子改命。"这听起来尽管有点夸张，但换句话说"只要父母好好说话，就能影响孩子的人生"，这却一点都不夸张。

相信我，读完这本书，你也可以做到！

为了能把心理咨询的谈话技术转化为普通人都可以学会的"轻松改命"的沟通技巧，我在书中讲了很多身边的故事、咨询的案例、通俗的心理学实验，还为每个沟通场景都精心设计了一系列工具和小练习，咱们边看边练。

全书共有9个关键词。每个章节之间既相互独立又有一套完整的底层逻辑。你可以随手翻阅感兴趣的一章，也可以从头到尾一口气读完。有趣的插画可以让你时不时歇歇脚，思考题和工具导图帮你建立清晰的结构。

修枝剪叶篇：父母怎么说孩子才愿意听
关键词：夸奖、批评、询问

这些是最惯常的沟通基本动作。在日常养育中点点滴滴地进行强化、确认、纠正、澄清……积沙成塔，不仅推动着孩子的外在行为，也无形中也影响着孩子的品格。

灌溉施肥篇：怎么"说"出一个好性格的孩子
关键词：支持、放手、决定

家长在重要事情上的态度、处理方式、选择和决定对孩子的个性影响巨大，而语言的交流影响着孩子的方方面面，诸如习惯的养成、秩序感的建立、自信心的培养、自我意识的推动，等等。

阳光土壤篇：怎么"聊"出高质量的关系
关键词：交流、冲突、陪伴

孩子一生与自己的关系、与世界的关系都不过是亲子关系的翻版。聊天就是建立信任的最有效途径之一，也可能是破坏关系最大的隐形"杀手"。有形的语言孕育着无形的关系，健康的关系给孩子源源不断的勇气和力量。

翻开这本书，从一句话开始，让改变神奇地发生吧！

愿此书，能把养育路上"抽象的"爱的风景变成一个个"精准具体"的谈话攻略。陪伴你在养育的旅程中，轻松打卡重要场景，和孩子一起享受人生路上美丽的风景。希望我们的孩子都能在爱的语言中一日日长成独立、自主、不慌张的模样。

好好说话，给孩子直面未来的底气！

目录

修枝剪叶篇

第 1 章

第 2 章

第 3 章

灌溉施肥篇

第 4 章

支持，做给力的父母 / 093

关键词：支持 / 094

第 5 章

放手，成长需要空间 / 123

第6章

阳光土壤篇

第 7 章

修枝剪叶篇

第 1 章

夸奖，

相信的魔力

关键词：夸奖

　　有一天，我问女儿："你记得妈妈对你的夸奖吗？有没有哪一次夸奖让你的印象最深刻？"让我尴尬的是，女儿想了想，说："好像没什么印象……"看到我失望的表情后，她又赶紧安慰道："肯定还是夸过的。"我不甘心，想了想又问道："那你觉得妈妈信得过你吗？"这时候她轻松地说："那当然了。"

　　你问过孩子同样的问题吗？他是否可以回忆出某一次夸奖给他带来的深刻印象或者对他产生的重要意义？还是像我的女儿，

尽管有关夸奖的具体细节看似"消失无踪"了，但是，夸奖在她心里播下的"信任"的种子却已经成熟。她会不假思索地相信：妈妈是信得过我的！

我们不遗余力地推崇夸奖，并努力地付诸实践。同时，我也看到很多家长在夸奖面前显得"无所适从"。夸多了——怕孩子骄傲；不夸——怕孩子自卑；夸得不得要领——孩子早就对你说的话没感觉了……

问题到底出在了哪里呢？又该如何解决呢？

? 思考题：

- 孩子夸多了会不会"骄傲"？
- 为什么很多夸奖没有效果，甚至适得其反？
- 怎么夸，才能促进孩子落实行动？
- 一旦不夸了就不做，这是怎么回事？
- 什么样的夸奖能让你的孩子越来越自信？

带着面具的夸奖

"你真棒"的陷阱：

盲目的相信，只会带来盲目的自信

　　和大家一样，我也是一个已经习惯了说"你真棒"的妈妈。不知道从什么时候开始，"你是最棒的""要充分尊重孩子的天性""要给孩子无条件的爱"等这些西方的教育理念在我们家长的心中悄悄生根。"你真棒"也成了很多家长的口头禅。这些理念都是"自尊教育"的衍生品。

　　"自尊教育"倡导提升孩子的自尊心，告诉孩子"我很重要"，要求父母和老师不批评或打骂孩子，多鼓励和爱护孩子，给孩子更多的积极暗示。最典型的表现就是要经常对孩子说："你真棒！"然而，美国圣地亚哥大学的心理学家珍·温格（Jean Twenge）对美国的"自尊教育"曾经表示担忧。温格认为，盲目推崇"自尊教育"可能会导致孩子过度自恋，不由自主地自我感觉良好，对自己怀着过高期望值的孩子很容易在残酷的现实社会中碰壁。

我们为什么对"你真棒"如此没有抵抗力且情不自禁地就全盘接受了？没有原则的"夸赞"和不加管束的"快乐"，很多时候其实是中国父母对于自己儿时偏保守和严苛的亲子关系的一种"自我补偿"，是对内在未满足的"自我价值感"在孩子身上的"报复性消费"。真诚的"你真棒"，当然会给孩子加油，但夸大其词的、流于形式的"你真棒"一旦多了，恐怕只会变成孩子骄傲和骄纵的温床。

毕竟比起常听到"你真棒"，孩子更需要知道："我到底棒在哪里？"

工具 1：夸在点子上

比"你真棒"更有用的 5 个常用句子，夸在点子上就不用担心孩子骄傲了！

1. 你今天在某个方面做得特别好，让我很惊喜。

2. 你关于哪个方面说得很有道理，继续往下说，我很愿意听。

3. 真厉害！你用自己的一个什么样的方法把问题解决了。

4. 你是怎么想到这个解决的办法的呢？真聪明（真能干）！

5. 看到你认真 / 努力 / 仔细……做这件事的样子，爸爸（妈妈）很高兴。

情境小练习：夸奖的不同方面

在以下的情境中，你会使用上面的哪个句子来夸奖孩子呢？

当你需要强化孩子的一个积极行为时　　　　　　参考答案 1

当你要肯定孩子的某个观点或想法时　　　　　　参考答案 2

当你要表扬孩子的某种做事积极的态度时　　　　参考答案 5

当你想鼓励孩子自己想办法解决问题时　　　参考答案 3 / 1 / 5

当你想引导孩子总结更多经验或者探索孩子更多的优点时

参考答案 4 / 2 / 1 / 5

妈妈信得过你：

不要把夸奖设成一个需要"达标"的绩效指标

很多父母为每周该表扬多少次？什么时候表扬最好？表扬和批评的比例是多少才最有效？诸如此类的问题而困扰。就好像在职场上一样，非得也给夸奖定个可量化的 KPI，做起来才能"安心"。我的经验告诉我，在夸奖这件事上，追求数量、追求技巧、想要立即看到结果，是本末倒置的。

那么，夸奖的本质是什么呢？

罗伯特·罗森塔尔（Robert Rosenthal）是一位美国的心理学家，他做过一个经典的心理学实验，来证明外界的期望可以影响一个人的表现。实验中，一批学生被随机分为两组

（实验组与对照组），组织者会告诉老师们：你拿到的这份学生名单都是经过测验显示其资质出色的高智商学生。而另一组只是普通学生。一段时间之后，神奇的事情发生了，被预言资质出色的实验组的学生们，成绩明显高出对照组的学生。而实际上，这份预测并没有什么根据。罗森塔尔效应，因此也被称为期望效应，表达了外界的"信任"对一个人的影响。

对孩子的信任，才是夸奖的本质。就好像我在一开头说的，虽然我的女儿记不得那些夸赞的细节，但是她可以自信地确认"妈妈信得过我"，我是一个"靠谱"的孩子。

很多时候，"不要输在起跑线"的焦虑，让我们的夸奖也变得"急切"和"功利"。我们把夸奖当成一个养育的"绩效"工具，迫不及待地增加对孩子行为的简单肯定，但内心却是"害怕输在起跑线上"的担忧，这必然给孩子传递了一种无形之中的"拧巴"。你嘴上说"我真棒"，又担心我会"输"。你明明只是因为担心我成绩不好才拼命夸我，根本不是对我有多么的认可！当你发现，孩子抵触你的"夸奖"，或者开始跟你讲条件，不推就不动的时候，你就需要反思一下自己是否存在这样"心口不一"的夸奖了。

恰如其分的夸奖不是一句话术、一个夸张的表情、一个别人都做我也得做的"标配"动作，而是一个欣赏的眼光和发自于心的信任，是"心口一致"的真情流露。

信任意味着，我们相信自己的孩子"可以""能行"！信任要求我们，能够战胜焦虑，抛弃功利，回归长期主义，相信自己做出的每一个养育选择。信任来自一份深沉的内在安定，我们确定孩子和我们自己，都值得，也终归会被生活温柔以待。

给孩子最好的夸奖，是"妈妈／爸爸信得过你"。

工具 2：合格的夸奖者

心口一致的夸奖	可能会导致心口不一的夸奖
• 我相信自己可以成为一个合格的父母 • 我能快速说出孩子的 5 个优点，并真心相信 • 对孩子积极的行为表现，我能及时发现并及时反馈 • 我知道孩子的优势和不足，并欣然接受 • 如果让我表扬下自己，我也能马上给出答案	• 我很难发现孩子能够被表扬的点 • 我在接受他人表扬的时候也会感觉有压力 • 我会用成绩或者学校、社会制定的标准来作为对孩子表扬的准则 • 我会使用比较（你比谁谁更好）来表扬 • 我表扬的目的往往就是希望孩子能听话、照我想的去做

工具 3：夸奖有效性评估

有效的夸奖之后	无效的夸奖之后
√ 孩子变得情绪很饱满 √ 行动变得更积极 √ 内在感觉更有干劲了 √ 能够继续持续地坚持正确即使是困难的行动 √ 亲子关系开始改善，变得更加亲密	✗ 孩子没什么反应，或者显得敷衍 ✗ 行动没有什么变化 ✗ 变得很在意他人的评价或者标准，而非自我力量的提升 ✗ 一旦不夸奖，行动就会停止 ✗ 亲子关系并无改善或者反而疏远

情境小练习：做好夸奖的准备

在以下的情形中，你认为哪些并不适合去夸奖孩子？

（1）孩子有点拖沓，为了让孩子尽快动起来，随便找个理由夸一夸。

（2）孩子考试成绩虽然不太理想，但期末复习阶段做了很多练习，并且，曾经不会的几个题目都做对了。

（3）孩子在亲子活动中比你同事家的孩子表现好，你觉得很有"面子"。

（4）孩子并不喜欢你为他挑选的玩具的颜色，你为了让他同意，夸他是个听话的好孩子。

（5）老师希望孩子们上课积极发言，但你的孩子认为"应该想好了再举手"，并不一定要做积极分子。

参考答案：（1）（3）（4）

想一想：在（2）和（5）的情形中，如果你想给孩子肯定，可以怎么说呢？看看能不能在后面工具 4/5/6 中有所启发。

"落实"，效果的钥匙：

夸奖要做有效的动作，效果的关键是"落实"

　　要再继续说说"罗森塔尔"的实验。这个实验结果让我们最着迷的就是：相信，竟然有如此神奇的效果——它像一种无声的心灵唤醒，成为接收者自我实现的预言。然而仅仅"相信孩子"就能够让一切自然发生吗？别忘了在实验中，让学生出现最终结果差异的还包括老师基于"内心的信任"而采取的"有效的动作"。比如，在这一段时间里，出色组的老师留了更多的有挑战的作业，授课时更拓展地去讲解，对孩子们给出更多积极的鼓励，等等。这些"动作"非常直接地影响了孩子们的表现。

　　"夸奖"要想有效，不仅需要"相信"，同时也要做对"动作"，包括爱意的目光、温柔的赞许，甚至实物的奖励……这就好像是侍弄庄稼一样，不光饱含期待还得辛勤施肥，才会有未来的丰收。

具体到语言这个动作上，夸奖尤其讲究要精准地"落实"到位，才能让孩子明确自己到底哪里做得好、哪里做对了、未来应该坚持什么。

父亲的夸奖

一个父亲蹲下身，对女儿认真地说：

"爸爸知道你认真做了每一份练习题。**正确率是100%，**这**非常不容易。**你一定**检查了好几遍吧？（落实正确的行为）**"

"肯定啊，原来你也知道我在努力。"女儿有点儿委屈。

"爸爸平时可能有点严厉，关心你的话比较少。爸爸知道你的表现一直很好。"

女儿露出笑容。

"上一次看了学生手册，老师提到，有时候你会粗心，数学成绩需要提高。这一次的考试，**没有因为粗心丢分了，一定很开心吧。（落实正面的体验）**你有什么**好的经验**吗？"

"当然，"女儿笑容更灿烂了，"我每天都在坚持做口算！当然不会再算错了。"

"看来**坚持练习**、好好检查（落实正向的过程）都很有效果，恭喜你**找到方法**了！"

总结一下，有效的夸奖需要落实在三个方面：正确的行为、正向的过程和正面的体验。太过于空泛的"你真棒"和太过于功利的"100 分"，都因为不够"落实"，所以效果不佳，甚至会带来副作用。

工具 4：夸奖 3 个落实

1. 落实正确的行为，少使用比较和评价。
2. 落实正向的过程，好的过程会带来好的结果。
3. 落实正面的体验，让孩子开心地去做。

情境小练习：把夸奖落到实处

如果用"3 个落实"来夸孩子，可以怎么说呢

你英语单词就是比 ××× 背得快，××× 的妈妈都羡慕死了！

参考答案：我看你做了很多单词笔记，还自己发明了不

少背单词的"小方法"，可真是厉害！（落实正确的行为）

又考了100分，真棒！

参考答案：孩子，这个学期你每天都在完成自己制订的学习计划，遇到困难也没有放弃，好成绩就是对你的坚持最好的奖励！（落实正向的过程）

孩子，练琴虽然苦，但是我们也要坚持！你是最棒的！

参考答案：那天生日会，你弹的曲子大家都特别喜欢，太好听了！你自己弹奏的时候是不是特别有成就感。学钢琴，你真是选对了！（落实正面的体验）

心动才能行动：

1 个夸赞 =5 倍的行为促进 =8 倍的关系改善 =10 倍的愉悦体验

在我的沟通课上，最受学员欢迎的课后练习每次都是"夸赞"。

学员作业摘抄：

我回家对哥哥说："今天哥哥帮助妹妹换裙子，还主动帮奶奶洗碗，表现很棒！妈妈要给一个拥抱做奖励。"我家哥哥很开心，把晚饭全吃光了，又主动去收拾碗。

今天下班回家我表扬了姐姐。"大宝，放暑假有半个月了，爸爸妈妈都要上班，谢谢你带着妹妹在家里学习、玩耍，还自己解决吃饭问题，为妈妈解决了后顾之忧，辛苦你了。"看到姐姐有点得意地笑了，又有点觉得不可思议，可能是我平时批评比较多。我赶紧说："妈妈说的是真的，真心感谢你。"姐姐说："妈妈你要多表扬我，我一定会更自信！"

我家娃写字潦草，暑假让他练字。今天整体还不是很好，但是为了完成老师布置的练习我挑出来几个字做了表扬："哇，你这个字怎么写的，横竖撇捺都特别标准，和书上印的一样，厉害！"娃激动地说："妈妈，我来教你写……"结果我练了一晚上字，哈哈。

分享作业的时候，大家都非常激动，好像发现了家庭生活中的"新大陆"。简单的一个"小动作"换来了一家人一整天愉悦的心情、孩子们肉眼可见的改善动力、亲子关系的瞬间加温、为人父母辛苦疲惫背后流淌的喜悦和欣慰……夸奖的效果让很多人都非常惊讶。

仔细研究，我发现，这些宝藏夸奖除了指向"对的行动"之外，还都包含了特别"好的感受"。当我们把"对的行动"和"好的感受"捆绑在一起，心动带来行动，效果总是会超出预期。

反之，当"对的行动"被我们不小心与"糟糕的感受"做了捆绑，又会发生什么呢？

下面的这些表达是否似曾相识：

你怎么这么简单的事都不会做？

你看看人家做得多好？

不弹完琴就不能去玩！

学习就是个苦差，吃得苦中苦……

我们经常抱怨孩子不好管，说了也没用，说一点做一点、不说就不做了……这些问题很多时候都是因为将行动捆绑了负面的感受，从而造成了孩子内心的抵触。即使是对的行动，如果长期和负面感受绑在一起，也会被孩子在内心里深深排斥。很多孩子一旦离开了约束，就会放弃学习，这就是因为学习的过程太不开心了。

工具 5：捆绑"好感受"

试试用下面的句式把"对的行为"和"好的感受"一起表达出来。

开心："你的……让我……真是太好了。"

感动："你做了……我特别感动。"

惊喜："今天你的……很不一样啊……太惊喜了！"

赞叹："你竟然自己解决了……你真是了不起、太棒了！"

情境小练习："做对"好心情

想一想下列"好感受"可以"捆绑"在哪些情境中？

积极情绪	日常生活中的情境（孩子做了什么）
开心	
感动	
惊喜	
赞叹	

在"品格"上精准施力：

好的品格，是孩子自信的发源地

女儿想做一个服装设计师，一天她问我："为什么我要学这些我不喜欢的课程，还要考试。这些我未来根本用不上的东西，对我有什么意义呢？"

我想起了她学习游泳的往事，便问她："还记得你学游泳的事吗？那时候让你记忆最深刻的是什么？"

她说："在一开始，我觉得很枯燥——趴在地上手脚划来划去的。不过后来我发现这个姿势好像挺有用，还好我坚持下来了。到了最后一天，老师撤掉我身上所有的浮板，让我跳下水，当时我害怕极了，但是我战胜了恐惧，最后成功了。闭着眼睛跳下去又能浮上来游起来，那时候最刺激了！"

我说："你能战胜那个枯燥，还有恐惧，真是不容易啊！"

女儿沉默。

我继续说："当一个设计师看起来好像和学游泳也没有什么关系。但是要当一个好的设计师，也没准一样需要战胜枯燥，也需要突破恐惧。现在这个学习的过程，你也总觉得没什么用，可是，会不会这也是在锻炼战胜枯燥和恐惧的勇气呢？"

女儿的眼睛亮了一下。

"还记得你最后跳下水成功游起来的快乐吗？妈妈记得，那天怎么叫你回家都不成。你一遍遍地从台子上跳到水里，游起来，再回到岸上，再跳下去……"

女儿开心地笑了。

"孩子，记得那股勇气，给你带来的快乐。"

能够长久地支持正确行为、正面过程和正向体验的，是孩子可贵的品质：诚信、坚韧、勇气、善良、感恩……这是孩子这棵小树在根系里，长出来的生命力，也是孩子源源不断的自信发源地。在夸奖孩子的时候，如果我们能透过行为、过程、在美好体验的背后善于发现和提炼出这些闪光的品格，一定别忘了认真地讲给孩子听。

孩子在成长的过程里，特别是还小的时候，并非能理解"品格"的重要意义。这就需要作为家长，我们能够去发现、去挖掘、去浇灌孩子这些美好的品格。品格是护佑孩子一生最宝贵的财富。好的夸奖让孩子的人生建立在对自我品格的坚守之上，而非对外在评价和功利的追逐之中。

夸奖品格，是给孩子最美的勋章。

工具 6：品格挖掘 5 问

尝试用下面的问题和孩子聊天，与孩子一起探索可贵的品格。

1. 你是怎么做到的呢？

2. 能做成这件事你觉得最不容易的是什么？

3. 你觉得你最了不起的地方在哪里？

4. 如果你坚持这么做下去（把这个经验用到其他的地方），会怎样呢？

5. 如果别的小伙伴也要做得这么好，你想告诉他最重要的是什么呢？

情境小练习：寻找行为背后的意义

A. 找一件对孩子来说具有重要意义的事，与孩子一起探索藏在事件里孩子的优秀品格。并用自己的亲身经历跟孩子分享这个品格的价值。

B. 与孩子一起阅读一本名人传记并讨论，文中的哪些具体行为成就了榜样的人生。找到孩子生活中类似的行为，给予肯定。

C. 在一件"失败"的事件中，尝试与孩子一起总结，复盘整个过程，挖掘孩子的积极行为、动机、想法……找到"失败"的意义。

夸奖 Tips

关键词：夸奖

思考题
孩子夸多了会不会"骄傲"？ 为什么很多夸奖没有效果，甚至适得其反？ 怎么夸，才能促进孩子落实行动？ 一旦不夸了就不做，这是怎么回事？ 什么样的夸奖能让你的孩子越来越自信？

刻意练习：表达真诚的夸奖

请对孩子进行真诚的夸奖并留意孩子的反应。

记录下你说的话和孩子的反应。

在积累了几次不同的经验后，与孩子一起探讨下他喜欢什么样的夸奖。

时间	事件	使用的工具	具体怎么说	孩子的反应

夸奖工具箱导图

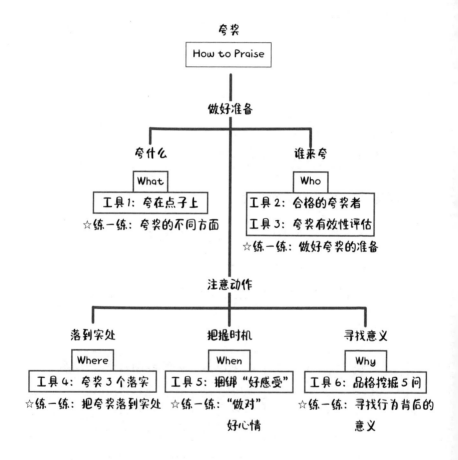

第 2 章

批评，

走心不伤心

关键词：批评

羲羲是一个 8 岁的三年级女孩，当我和她妈妈一起探讨关于"批评"孩子该写点什么的时候，她凑过来说："阿姨，你可以写一写：家长总是说别人家孩子怎么样，有效果吗？"我很惊喜，问羲羲："大人这么说的时候，孩子是什么感受呢？"羲羲头头是道地说："孩子会感觉自己受到了打击。觉得自己怎么做都不如别人那么好。还会对别人的孩子产生'不好'的心理。"我好奇地问她："你能告诉阿姨，这个'不好'，是什么呢？"羲羲想了想，说："嗯……可能会嫉妒、会报复，就不想和他做朋友了吧。"

　　作为父母，我们一定都对孩子做过不适当的批评，给孩子们造成过"不好"的感受。然而，并不是所有的孩子都有机会，或者被允许表达这些感受。更多的时候，孩子们默默接受了"不好"的批评，那些不能消化的感受摇身一变，就可能会成为逆反、拖延、撒谎、讨好、自卑……

　　于是，我决定写一写如何"批评"，才能让孩子"走心不伤心"。

❓ 思考题：

🖐 打是亲骂是爱吗？"棍棒"到底要不要挥？

🖐 孩子不接受批评，越批评越"逆反"是怎么回事？

🖐 批评和惩罚的"尺度"该如何把握？

🖐 哪些批评是我们冤枉了孩子的？

🖐 如何使用批评有效"纠正"孩子的问题行为？

放下心中的棍棒：

惩罚是一把双刃剑，用好了走心，用不好伤心

大家都听过《好爸爸、坏爸爸》这首儿歌："哪个爸爸不骂人，哪个儿子不害怕，打是亲来骂是爱，哪个不是好爸爸……"小朋友们看着动画片，可能"稀里糊涂"地就把这话接受了，但是作为家长，我们却要较个真儿：这歌唱得对吗？打骂到底是不是爱？

贪玩的惩罚

5岁小男孩，因为贪玩，到了时间不吃饭。喊了几次都还在疯玩，妈妈非常生气！终于，孩子回到了餐桌上，这时妈妈会如何处理呢？

场景一：

疲惫的妈妈看着满屋狼藉、已经凉了的饭菜，决定狠狠"教训"下孩子。她当着孩子的面，把饭和菜全部倒进了垃圾桶。面对惊愕的孩子咆哮说："我告诉你，如果以后我喊你吃饭，你再不答应，就什么都别想吃了！"妈妈举起双手，再次夸张地把饭菜摔进垃圾桶，发出巨大的声响。

场景二：

孩子发现，饭菜已经不见，餐桌上只剩下每天饭后的一小碟水果。他对妈妈嚷嚷："妈妈我饿了……"妈妈走过来，在孩子对面坐下，平静又严肃地说："刚才妈妈喊了你几次，你都在玩是不是？因为爸爸妈妈都饿了，我们就先吃了。"孩子委屈地哼哼……妈妈继续说："餐厅也会打烊对不对？等到晚饭的时间，希望你按时来，别又玩忘记了。"

你认为哪个妈妈的做法会更有效呢？

选场景一的家长，一般都相信：要让他听话，就必须得先让他感觉到怕！不给他点教训可不行！让他当众出丑看他下次还敢不敢！

这样的想法真的可行吗？

对于自我力量比较强的孩子，很可能会使用哇哇大哭的方式同样予以反击。因为当孩子的内心收到的是戾气和恨意，也容易"以暴还暴"。对于自我力量比较弱的孩子，的确可能不敢了。但其内心里却难免被播下恐惧、羞耻的种子，行为上变得顺从、讨好。父母这时往往以为奏效了，殊不知，自卑、委屈、隐含的怨恨终会爆发。

场景二，妈妈的做法是"暂停服务"。我们看到温柔而严肃的坚持，不伤害自尊的拒绝和不危及安全的惩罚。给孩子讲清楚贪玩的影响，同时告诉孩子要考虑他人的感受。给孩子留了那一小碟水果，非常重要：它不仅提供了基本的生理满足，更是在告诉孩子：我虽惩罚你，但依旧爱你。

所以，打骂到底是不是爱，要看你如何"打"。

如果我们手中的棍棒直击孩子的安全和尊严，让孩子心灵受伤，这样当然不能算作爱。比起手中的棍棒更伤害孩子的是父母心中的"棍棒"——内心的迁怒、暴躁、敌意、戾气和恨意。

而为孩子保留了安全和尊严的惩戒，虽然也挥起了"棍棒"——暂停服务、扣掉零花钱、罚坐小板凳……但这些也可以是爱，终归会被孩子接受和理解。

工具 7：育子 7 不责

古人有育子七不责，在批评孩子的同时饱含着尊重和爱意。我们对照看看，对自己的教育是否有启发？

7 不责
1. 对众不责，要有尊严
2. 愧悔不责，因其自省
3. 暮夜不责，不利入眠
4. 饮食不责，易致脾虚
5. 欢庆不责，经脉受损
6. 悲忧不责，恐伤备至
7. 疾病不责，爱如良药

情境小练习：抚慰"伤心"的自己

如果我们小时候经历过特别伤害自尊心的批评，就容易在类似的情境下对自己的孩子在管教过程中"过分小心"，怕他受到伤害；或者自己无意中也使用与自己同样的方式，伤害孩子。我们需要先抚慰伤心的自己，才能妥善处理孩子的问题。

step1：回忆。小时候，你有"伤心"地被批评的经历吗？发生在什么样的情景下？因为什么事？父母的言行是什么样的？你糟糕的感受是什么？

step2：觉察。你是否在类似的情形下，对自己的孩子采用了同样的言行，或者你是否因为害怕伤害孩子而采用了完全相反的处理方法？

step3：回归。作为一名理性的家长，你认为在此类情形下，如何处理孩子的问题会更有效？可以试着多和其他家长聊一聊。

方向不对，努力白费：

孩子不接受批评，十有八九是家长搞错了方向

很多家长反映：孩子对批评根本不走心。各种无动于衷、阳奉阴违，一说就炸……越批评越逆反，非常让人"头疼"。这时候我都会让家长具体说说，发生了什么？听完以后我发现，十有八九，竟然都是我们家长自己这里出了问题。

🐔 发泄负面情绪

还记得本章开头那个把饭菜都摔进垃圾桶的妈妈吗？因为自己疲惫不堪，忍无可忍，便用了极端的行为方式，其实这更多的是在化解自己的负面情绪。记得我女儿雯雯曾经说过："妈妈，你凶起来的时候，我脑袋就死机了。你后面说

的，我什么都没记住！"你看，带着负面情绪不仅解决不了问题，还会带来很多副作用。孩子收到的不是哪里错了，或者该怎么做，仅仅是一次暴力的"攻击"。

👆 想尽快息事宁人

我们吼了孩子，孩子就会自动变好吗？玩手机、写作业慢、学习习惯不好、成绩上不去……当面对这些需要花大力气去纠正，甚至有时候家长自己也找不到方法和头绪的问题，为了尽快恢复自己内心的控制感，那就先骂一顿孩子吧！至少，当下可能有个表面上的"小变化"，你看，手机放下了，又坐回房间写作业了……这样问题就看起来好像解决了，自己也可以休息一下了。

👆 我是为你好

"我是为你好"这句话，据我观察，现在的年轻家长的确不说了。把自己认为"对"的标准强加于孩子身上并批评的方式应该过时了吧？谁能想到，现在的家长特别容易迫于"内卷"，害怕在竞争中输在起跑线上，用自己"明明不认可"的标准，打着"我们就和自己比"的幌子去不断要求和批评孩子，换汤不换药地也觉得这是为了孩子好。

✌ 要求太高

我在课堂上遇到过一个学霸爸爸，对自己要求很高，同时，他对孩子的要求也非常高。他天然地认为自己小时候能轻松达到的事情，孩子也应该很容易做到。尽管这些标准让我们大家都觉得，做他的孩子可真不容易啊！还有的家长，就算自己很普通，但内心对孩子的期待却显得特别"不切实际"。因为高标准而批评，特别容易让孩子产生挫败感，贬低孩子的自我价值。

这些"坑"，咱们是不是都多多少少踩过几个？在这些时刻，作为父母，我们往往是在满足自己的愿望，缓解自己的焦虑，发泄自己的情绪……并非客观公正地解决孩子的问题。如果是我们自己在批评时搞错了方向，又怎能怪孩子不走心呢？

工具 8：批评 4 "坑"

发泄：发泄负面情绪。

逃避：想尽快息事宁人。

控制：我是为你好。

完美：要求太高。

情境小练习：日常行为检查

错误的批评方式	日常行为检查
发泄自己的负面情绪	从不〇 偶尔会〇 经常会〇
本来约定好了，又临时加码	从不〇 偶尔会〇 经常会〇
随意变化或者父母之间无法一致	从不〇 偶尔会〇 经常会〇
因为各种原因，没有商量就取消承诺	从不〇 偶尔会〇 经常会〇
总是翻旧账，揭伤疤	从不〇 偶尔会〇 经常会〇
要求孩子做的，自己不做或者也做不到	从不〇 偶尔会〇 经常会〇
当众批评孩子，在亲戚朋友面前说孩子	从不〇 偶尔会〇 经常会〇
说绝情的话，如"我不要你了！"	从不〇 偶尔会〇 经常会〇
总说别人家孩子怎么样	从不〇 偶尔会〇 经常会〇
以"我是为你好"的名义，提出要求和批评	从不〇 偶尔会〇 经常会〇

该出手时再出手：

原则问题不让步，非原则问题少干预

在课堂上，我做过有关"批评"的调查，问大家遇到的困难是什么。调查的结果让人忍俊不禁：最多的困难就是各种"左右为难"。

- 舍不得批评、不敢批评，怕破坏和孩子的关系。不批评又担心纵容孩子。

- 批评前后不一致，或者家人之间意见不一致，让孩子无所适从。

- 对于一些"问题"，批评的话有点小题大做，不批评的话又担心以后酿成大错。

☞ 有些小毛病说少了不管用，说多了又变成唠叨，反而没
效果。

这些都是有关"惩罚尺度"的把握问题。

在这个问题上，我的主张是"该出手时再出手"。

哪些问题必须该出手呢？道德品行、人性良知、尊老爱幼、亲师爱友……这些品行问题属于原则问题，一旦纵容，长大后再去管教和养成会很难。除了必要的惩罚，家庭环境、父母的言传身教也非常重要。其他非原则性的问题，往往和父母自身的标准和要求有关，就要能够抓大放小，这样才能让孩子充分发挥天性和个性。不要动不动就批评、什么事都唠叨。

原则性问题的范围，每个家庭都有自己的界定，取决于家长内心的价值标准和人生观。你的原则即是孩子的底线。

原则性的问题，越早干预越有效。学龄前的小朋友需要学习基本的公序良俗和发展道德意识。不撒谎、不骗人、不能拿别人的玩具……在此阶段，惩罚就很必要。做错事打屁股，不失为一种有效手段！孩子上学后就开始有自己的想法了，自尊心也越来越强，这时就要以奖励和引导为主了。惩罚主要用于调整约定的行为没达成、帮助孩子养成好习惯。当孩子进入青春期，惩罚会

变得越来越失去"管束"的功能，只能作为"补救"的制裁手段。如果青春期的孩子还是有很多品行问题和习惯问题，往往是早期没有好好约束带来的，改变起来也比小时候要困难多了。

工具 9：唠叨翻译公式

总是管不住自己"唠叨"的家长，可以试试用下面的方法，把"唠叨"中的指责、抱怨变成就事论事。

就事论事 = 我注意到 + 行为 + 后果

情境小练习：学会就事论事

看看你写的作业，错了多少？糊弄谁呢？

公式 = 我注意到你 + 今天写完作业就匆匆忙忙跑出去玩 + 算数的出错率和以往差距很大

能不能别磨蹭了？

公式 = 我回来发现 + 你用 1 个小时的时间 + 做了 3 道题

你怎么又把玩具弄了一地，我跟你说了多少遍了，怎么就是记不住。

公式 = 我看到你 + 把玩具弄得到处都是 + 这很容易让别

人绊倒

试试用公式改一改下面的唠叨：

你看你就是不认真，又马虎！ _____

书包这么乱，总是我给你收拾。 _____

我说什么来的，就是不长记性。 _____

不会做，不是错：

有时候你骂孩子做得不好，就好像骂小鸡还不会生蛋一样可笑

　　超超上一年级了，可是还不太会写字。老师开学就要求学生照着黑板上抄作业，他却在本子上画了一堆妈妈认不出的"符号"回来。课堂上练字时，在田字格里也总是写出格。而他还在上幼儿园中班的妹妹早就能完成这项任务了。妈妈非常着急，不知道怎么办？

　　父母对于孩子不能完成学校的任务，是最着急的。这时候就往往会批评孩子。

我家孩子上幼儿园，串珠子总是串不好，是不是太笨了？

我家孩子都快上学了，还要掰手指头算数，怎么办？

我家孩子一年级了，上课老走神、乱动，是不是得了多动症？

我家孩子二年级了，怎么画人物的比例总是不对呢？

......

如果我告诉你，这些都是非常正常的现象，你还会批评孩子吗？

心理学家皮亚杰做过的一个著名的"三山实验"。实验首先让儿童从四个角度观察方桌上的三座假山模型。然后要求儿童面对模型而坐，同时放一个玩具娃娃坐在儿童对面。接下来，要求儿童从四张图片中指出哪一张是玩具娃娃看到的山，结果发现幼童无法完成这个任务。他们只能从自己的角度来描述"三山"的形状。皮亚杰的三山实验证明学前儿童（2～7岁）的思维具有"自我中心"的特点，还没有发展出清晰的换位思考视角。

三山实验告诉我们，幼童可能不愿意分享食物和玩具，也体

谅不了大人的辛苦，这些行为并非缺点和错误，而是他们认知发展还没有"到位"的表现。还有研究表明，3 岁幼儿能够集中注意力 3 ～ 5 分钟，4 岁能集中 10 分钟左右。5 ～ 7 岁能集中 15 分钟左右。那么一年级的孩子如果没有经过学前训练或者缺乏教学中有效的引导，注意力不能持久集中也是非常正常的。同样，超超写字的问题，是由于他的手指小肌肉发育还不够有力，包括没有经过必要的学前识字、握笔、描红练习，他抄不出作业也实属正常。另外每个孩子在不同方面的发展进度也不太一样，超超写字可能比妹妹差一些，但是他在数学方面的能力就明显超过妹妹。这些也都是再正常不过的现象了。

看到这里，有的家长会说："那不行啊！学校的要求高，其他同学都会了啊，我得让他能跟得上啊！"作为妈妈，我非常理解这份心情。然而，每个孩子的发展过程天然地存在差异。过早地练习孩子尚未发育的能力，真的有用吗？如果孩子在某项能力上发展得慢了点，我们又该如何适应学校的进度呢？我会在"支持"一章里，跟大家讨论这些问题。

工具 10：seed 起因筛查

在批评孩子之前，除了要考虑孩子的发育水平，还需要衡量环境、人际、心理等因素对孩子的影响，记得，在找到问题的真正原因（seed）之前，不要轻易批评孩子。

- ☝ skill，技能：孩子的技能是否偏离生长发育水平，包括并不限于思维、情感、心智能力。（注意：是否严重偏离正常水平，慢一点不是问题。）
- ☝ environment，环境：家庭环境对孩子行为的影响，比如，家里有人有此行为，是大人和孩子的互动方式导致了孩子的行为。
- ☝ explore，探索：孩子出于好奇、探索、尝试而犯的错误，并非故意造成不良结果。
- ☝ demand，需求：孩子通过此行为是不是在表达其他需求，比如，出于好奇模仿，想引起父母的关注。

情境小练习：批评之前想一想

以下情境中，请你使用 seed 起因筛查重新衡量，是否要批评孩子。

1. 孩子吃饭的时候看手机，家里的大人也有这个习惯。
2. 孩子因为长辈的过度照顾，导致自理能力比较差。

3. 孩子想给父母做一顿早餐，操作不当把饭烧煳了。

4. 孩子因为好奇弄坏了其他小朋友的玩具。

5. 父母在家里忙工作，开视频会，孩子总以各种理由跑来"捣乱"。

批评是教怎么做"对"：

批评不是骂孩子错在哪儿了，而是教孩子如何才能做对

批评的目标是"纠正行为"，关键是教会孩子——如何做才是对的。

让孩子心服口服地纠正，有 7 个步骤，哪一步也不能省，千万别偷懒！

步骤一：做好谈话的准备

找到合适的时机，发出很正式的谈话的邀请。

处理掉自己的情绪、保持冷静、理直气柔。

步骤二：陈述事实，对事不对人

批评千万别上纲上线，上升到孩子的品质问题。不能去否定孩子的人格，给孩子贴标签——你是个自私的人，你怎么这么不负责任。而是要锁定"此时、此地、此行为"，聚焦到一个具体的事实和行为本身。这和表扬正好相反。当我们表扬孩子的时候，可以从"此时、此地、此行为"扩大到对未来的影响，延展到这证明你有一个什么样的好品格，去肯定孩子的人格。

情境小练习：对事不对人

区分批评中的对人和对事的不同。

对人：你是不是不诚实、打小抄。

对事：老师说，这次考试的时候你翻书了，是这样吗？

对人：你怎么能打人，你这不是小霸王吗？

对事：你打了小明，因为他抢了你的玩具。他哭了，他妈妈很心疼，我也很尴尬。

对人：玩手机，你怎么说话不算话！

对事：你今天放学，已经玩了 1 个小时手机了。

做这一步时，还要注意，不要"失焦"，千万别自己越说越气，开始翻旧账，从玩手机扯到学习，从学习又说到做家务……训孩子也不能打疲劳战术，每次聚焦一个问题，精准突破。

步骤三：给孩子澄清的机会

陈述完事实之后，也可以适当表达一些自己的感受。这时需要有一个停顿、沉默，给孩子一个澄清或者自我消化的时间。

如果孩子表达出内疚和悔意——给予其安慰，进入步骤四。

如果孩子有反驳、确有其他原因——先聆听孩子的说法，再决定是否继续。

如果孩子只是表达一些情绪，为自己辩解——聆听，可以使用沉默，给予理解，进入步骤四。

不要小看孩子的自我反省能力，也不要轻易放弃自己的底线。

步骤四：说明错误的影响和改正后的意义

说出这个行为可能造成的影响。

更要说出改正这个行为，会给孩子带来的意义。

情境小练习：表达影响和意义

感受下表达影响和意义的不同作用。

影响：我觉得考试翻书这件事会特别影响你在其他同学眼中的形象。

意义：更重要的是，考试是用来帮助我们发现问题的，帮助我们把成绩搞得越来越好。所以妈妈会更看重真实的成绩。

影响：如果小明因为这件事不来家里玩了，我们是不是失去了一个朋友？

意义：你马上就要上学了，作为小学生，我们总得学会些更"文明"的处理矛盾的方法吧。

影响：你玩了1个小时的手机了，做作业的时间已经很少了，眼睛也受不了。

意义：我知道玩游戏很放松，但是如果我们能管理好自己的时间，做个有自控力的牛人，想玩就玩，想放下就能放下，是不是更酷？

步骤五：探讨纠正行为的方案

告诉孩子——如何才能做对！

有时候，我们要直接给出要求。要求要清晰明确，并确认孩子是否理解。有理不在声高，要温柔且坚定地给出指令。（参见工具 12）

有时候，我们可以和孩子一起商量解决的方法、行动的标准以及改正以后的奖惩措施，帮助孩子固化为习惯。（参见"放手"一章）孩子自己思考的结果，会更愿意执行。

步骤六：表达爱和信任

因为爱你，所以妈妈有责任给你指出来。

你一定能行，希望下次证明给自己看。

别难过了，我们打起精神来，一定能把这个困难打败。

妈妈不喜欢你这个行为，希望你改正，不等于妈妈不爱你。

步骤七：执行兑现承诺

对于改正的行为，根据约定，及时给予奖励。坚持直至成为习惯。

对于再次出现的错误行为，根据约定，实施惩罚，并再次循环 7 个步骤。

工具 11：行为纠正 7 步法

步骤一：做好谈话的准备。

步骤二：陈述事实，对事不对人。

步骤三：给孩子澄清的机会。

步骤四：说明错误的影响和改正后的意义。

步骤五：探讨纠正行为的方案。

步骤六：表达爱和信任。

步骤七：执行兑现承诺。

工具 12：提要求公式

对于一些需要及时解决的"此时此地"的行为问题，并不一定需要使用完整的 7 个步骤，可以直接套用下面的公式。

案例：孩子在地铁站台上乱跑，如何制止？

☝ 5 个基本要点：

说问题：地铁上不能乱跑，摔倒很危险。

说感受：妈妈很担心。

说要求：要保持安静、不能乱跑。

说好处：这样妈妈就更愿意带你出门。

说解决：你要是实在没事做，咱们一起数数站名。

💡 4 个基本公式：

公式 1：单刀直入 = 问题 + 要求

公式 2：给出方案 = 问题 + 解决

公式 3：动之以情 = 感受 + 要求

公式 4：晓之以理（利）= 要求 + 好处

情境小练习：温柔且坚定的指令

参照以上的公式，想想看这些时候你会怎么说?

案例：天天磨磨叽叽，这么慢，给我快点!

改成：_____

参考：问题 + 要求（现在速度不行，可以加快吗？）

案例：你这是无理取闹，发什么脾气，我又不欠你的。

改成：_____

参考：感受 + 要求（你这样我很生气，把情绪调整好我们再谈。）

案例：你怎么不把你自己丢了，天天丢三落四的，烦不烦?

改成：_____

参考：问题 + 解决（你总丢东西这件事让大家都很麻烦，你想想怎么才能避免？）

案例：你这孩子怎么又没刷牙，蛀牙了怎么办？小心虫子把你牙齿全部吃掉。

改成：_____

参考：要求 + 好处（现在给你两分钟时间去刷牙，检查合格了奖励一个睡前故事。）

批评 Tips

关键词：批评

思考题
打是亲骂是爱吗？"棍棒"到底要不要挥？ 孩子不接受批评，越批评越"逆反"是怎么回事？ 批评和惩罚的"尺度"该如何把握？ 哪些批评是我们冤枉了孩子的？ 如何使用批评有效"纠正"孩子的问题行为？

刻意练习：使用 7 个步骤纠正行为

请针对孩子的一个错误行为使用 7 个步骤进行正式的批评和纠正，并留意孩子的反应。

	准备你的表述	记录孩子的反应	可以改善的方法
步骤一			
步骤二			
步骤三			
步骤四			
步骤五			
步骤六			
步骤七			

批评工具箱导图

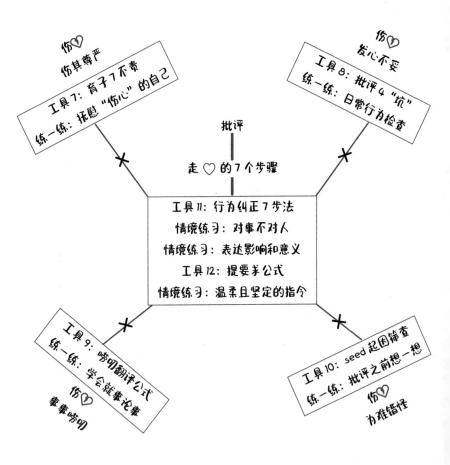

第 3 章

询问,

懂比愛更重要

关键词：询问

> 女儿 10 岁的一天，突然放学回家在自己房间门上贴了一张纸条，"进来请敲门。"然后说，我要做独立女性了！随后"嘭"的一声关上了房门。这一系列操作搞得我哭笑不得。好吧，青春期来了。

不少家长很难适应孩子的青春期，因为孩子开始在他们的世界里把我们"拒之门外"了。家长很失落——搞不懂他们是怎么想的，小时候他们不是这样的呀？

可是，小时候，我们就真的能读懂孩子的世界吗？

两三岁时他们为什么认为玩具也是活的？四五岁时为什么他们会提出那么多奇怪的问题？六七岁进入社会，成为一名"学生"，他们在内心遭遇了哪些困惑和恐惧？八九岁时又是如何体会课外班、写作业、失去童年的心情的？那些曾经无忧无虑的笑脸背后，也是一个个丰富而复杂的世界啊。

我们多半都是"自以为是"地按照自己的理解，努力爱着孩子。而当孩子小的时候，他们只是没有"关上门"的勇气罢了。

？思考题：

🖐 我们为什么会和孩子渐行渐远，如何理解他们的世界？

🖐 如何向孩子发出让他们敞开心扉的邀请，让孩子愿意跟你说？

🖐 如何通过有效的倾听，让你的孩子愿意说得更多？

🖐 如何了解孩子所说的话的背后故事？

🖐 当孩子还小或者自己说不清的时候，该如何去了解问题？

理解孩子的世界：

懂孩子，比爱孩子更重要

孩子们的精神世界，日新月异。

出生时，妈妈就是孩子的全世界。那时候，是妈妈抱着她，向她介绍这个世界：这是爸爸、这是奶奶、这是饭饭、这是积木、这是小鸟……

幼儿园时，孩子开始去探索外面的世界，也开始有了自己的想象。他把老师也当作妈妈。他认为自己的玩具小马也是活的，会对它说话。他问妈妈，天上的星星为什么会对我眨眼睛，我是从哪里来的？爸爸妈妈会把自己对世界的理解告诉孩子。

上学了，孩子开始有了自己现实的世界，有了新的"崇拜"的人。他觉得老师好像比爸爸妈妈还要厉害！他要甩开妈妈的手，跟同学一起牵手回家。他希望父母亲能看到自己的每一点进步，给自己鼓励和欣赏，他开始给父母絮絮叨叨地讲自己对这个世界的理解：哪个老师怎样、哪个同学怎样、我最喜欢上什么课、你看我搭的乐高好不好……他可以自己走更远的路，去做更多家长想不到的事了。

青春期，孩子开始想完全建立起属于自己的精神世界了。同伴、偶像对她的影响开始超过父母。他们甚至开始刻意与父母保持距离，以便让自己感觉："我是个独立的人了！"

孩子们一直在和我们渐行渐远。当你还一直以为他是那个小孩子，还在用他小时候的方式对待他时，而他可能早已经"移情别恋"了。

我们对孩子精神世界的影响力和参与度，随着孩子的长大是会发生变化的，从最重要的人到一个支持者、到朋友、到相互陪伴。甚至，我们会在他长大后享受他为我们打开的更大的新世界。

"懂"比"爱"更重要，我们要努力保持与孩子的精神世界不要"脱轨"。

工具 13："套近乎"通行证

进入孩子的世界，要懂孩子的语言。

- 🖐 使用她的表情包跟他对话。
- 🖐 去看他正在看的动画片、书。
- 🖐 知道她的粉丝的名字、星座、八卦。
- 🖐 会玩她最喜欢的一款游戏。
- 🖐 对他讨厌的某样东西、某个人表示，"哼，我也不喜欢。"

情境小练习：搜集聊天话题

3～5 岁的孩子最喜欢游戏和动画片，你的"套近乎"话题可以从他最喜欢的玩具或动画展开。你可能需要成为奥特曼的爱好者，以及小猪佩奇的伙伴，如果在聊天中，你还可以讲出孩子不知道的故事，他可能很快就会成为你的"跟屁虫"。

学龄期的孩子探索世界，一切他的爱好、好奇，都将成为重要的聊天话题。和他们一起去发现"十万个为什么"是最合适的。

青春期的孩子开始有了自己独立的精神世界，聊他喜欢的明星、游戏、八卦，都会让你们变得亲近。有和他们一致的表情包，是"套近乎"的秘密。

试试准备一下你的聊天话题吧：

_____

_____

发出你的邀请:

我们总是会高估了自己对孩子的了解，低估了孩子的精彩

　　2022 年 8 月，国家出台了严格限制向未成年人提供网络游戏服务的时间的相关通知。要求所有网络游戏企业仅可在周五、周六、周日和法定节假日每日 20 时至 21 时向未成年人提供 1 小时服务，其他时间均不得提供网络游戏服务。通知颁布后的那天晚上，女儿的手机游戏果然无法上线了。

　　看来，限制令生效了。

　　但是，这个禁令对孩子们来说是很突然的。女儿在房间里气得转圈。为了让她尽快平复情绪，赶紧做完作业，我安

慰了下她："别难过了，有什么不开心就跟妈妈吐槽哈。"

女儿没理我，在和她的同学一起激烈地"抗议"。

我借口出门遛弯，也出去和其他家长分享胜利而激动的心情。出门没走多远，女儿发来了一篇小作文。

（经过女儿雯雯同意全文转载如下：）

妈妈你知道吗？我玩这个游戏5年了，从它一开始那个破破烂烂的页面，到现在看着它一天天越来越精致，我知道它每一次的变化！我以前，是个社恐的小孩，这你知道的，我都不太愿意和别人讲话。就是因为和同学一起打游戏，我才慢慢不怕交朋友了。而且我还敢去"怼"人了！（当然我知道这不一定对。）我还在游戏里认识了好几个朋友。（你放心，我听了你的建议，他们不是成年人。）我还学会了组队，班上那些游戏没我打得好的女生都是跟着我上分的。我现在，在冲刺一个更高的级别，就剩下最后两次机会了，我练了好久了，凭什么说停就停掉呢？就因为我们是可以随便被欺负的小孩吗？！这就是你们大人说的尊重吗？！

......

我停下脚步，在夜色里认真地读了很多遍女儿这条长长的信息。我发现，我竟然对我的女儿在游戏里获得了什么一无所知。

我一直觉得自己对女儿很了解，我们的沟通也很顺畅。我想当然地给打游戏贴上"有危害"的标签。然而，当我收到女儿的这篇小作文，我还是深深地被击中了。

我很庆幸自己当时没有表现出"幸灾乐祸"或者给孩子讲大道理，而是留下了那一句"欢迎跟妈妈吐槽"——是这个邀请。让我有机会听到了孩子内心的声音，而不是永远地与女儿的这段心路历程失之交臂。

工具 14：邀请的提问

邀请的要诀是真诚、平等、尊重孩子的想法，愿意努力去理解。

- 这是怎么回事？我很好奇，能说说吗？
- 对这件事，咱们想法好像不太一样，我挺想听听你的想法的。
- 抱歉，我像你这么大的时候，不是这样的，所以你们是怎么做的？

👆 虽然大家都说成绩很重要，但妈妈还是挺想听听你对这事的真实看法的。

要注意语气，不要居高临下，不要像审问，不要带着要挑毛病的预设：

👆 你给我说说，怎么回事！

👆 你觉得这样做 / 这么想，对吗？

👆 现在的孩子，怎么都这样！

👆 你看看，我就知道你这些想法很天真。

千万不要在孩子说完马上否定、表示不屑、嘲讽……这样孩子就不会再愿意跟你分享了。

情境小练习：设计邀请的问题

你还能想出向孩子发出邀请的好问题吗？

① _____

② _____

③ _____

会说的不如会听的：

有效的倾听，能让孩子想说得更多

亲子关系的好坏很大程度上取决于倾听的品质。

相比能说的家长，那些会听的家长往往更容易赢得孩子的信任，也更能够走进孩子的世界。

在我的教学中，有一个非常重要的训练，就是倾听"3+3"练习。

什么是 3+3 呢？即：3 个使用 +3 个动作。

倾听中的 3 个使用：

用眼睛和耳朵去搜集，发现更多信息

🖐 注意他的小动作，但不一定马上纠正。

🖐 注意听他的音量、语速，体会他的心情。

🖐 对突然变得沉默或支支吾吾的时候，更耐心地倾听。

用身体去感受，跟孩子保持同频

🖐 你要停止你手中无关的事情。

🖐 选择一个适合倾听的，双方都舒服的位置和距离。

🖐 可以在身体姿势上，适度地进行模仿。

用情绪去体会，进入情感的共鸣

🖐 你可以慢慢跟随孩子的呼吸节奏。

🖐 尝试站在一个孩子的立场去体会他的感情。

🖐 觉察自己情绪的变化，注意自己是否反应过度。

倾听中的 3 个动作——

复制性的跟随

用诸如"是的""嗯""对""好的""我明白了"之类的言语，适度点头暗示你在专心聆听，而且可以鼓励说话者与你分享更多的信息，或者简单重复你所听到的关键词："哦，叠飞机啊""嗯，飞起来了"……尝试用说话者使用的词去

重复，是最简单而有效的反馈方式。

支持性的提问

为了鼓励对方倾诉，以接受更多的信息判断对方的感受，你可以这样表达：

"你是不是觉得有点……"

"你想说的是不是……"

"你现在感觉很沮丧，是吗？"

支持性的提问不是引导和打断。支持是关注孩子说话的内容，支持孩子把情绪和事件述说得更完整。而引导是想把谈话按照你的方式进行下去，希望暗示孩子认可或灌输你的观点。

确认性的反馈

当你确信了解孩子的感受，并希望达成共识的时候，你可以这样表达：

"你刚才说……你一定感觉……妈妈理解得对吗？"

"你能……我真为你高兴。"

"这件事真是难为你了，遇到这样的事，妈妈也会感觉到……"

工具 15：倾听 3+3

倾听中的 3 个使用	倾听中的 3 个动作
用眼睛和耳朵去搜集，发现更多信息	复制性的跟随
用身体去感受，与孩子保持同频	支持性的提问
用情绪去体会，进入情感的共鸣	确认性的反馈

情境小练习：表现出你在听

在倾听过程中，重要的不仅是你在听，还要让孩子能"感觉到"你在听。

你可以像下面这样做：

🖐 弯下腰或蹲下身，与孩子视线平齐。

🖐 管理你倾听时的表情，孩子很怕突然的"黑脸"。

🖐 如果此时你有急事或不方便，温柔地打断孩子并告诉他，你什么时候可以回来。

🖐 孩子说话的时候，不看手机。

试试在与孩子的谈话中留意这些表现。

发现背后的故事：

我们总是太着急说教，阻挡了孩子说出心里话

孩子：妈妈我不想上学了？

妈妈：不上学？不上学你干什么去啊！

孩子：我就是不想上了！

妈妈：你啥意思？你怎么能有这种想法？

孩子：我没啥意思，学不会，不想上。

妈妈：你看，作为学生，咱们主要的任务就是学习，学不会不要紧，我们找方法解决问题，努力跟上啊！怎么能这么消极呢？

孩子：我找不到方法，我笨！行了吧！

大家有没有发现，这种你来我往的谈话，既不能解决问题，还经常会把天聊"死"，彼此都"添"了一肚子气。那我们该如何去询问出到底发生了什么呢？

有经验的家长一定会说，我们得先看看孩子的反应。

A. 他一脸沮丧，脚步沉重，"妈，我不想上学了。"说完把书包一扔，躺到了床上。（他一定是遇到了什么困难）

B. 衣服乱糟糟的，脸上好像还有伤，语气里透露出恐慌，"妈妈，我，我不想上学了……"说完把头低下，欲言又止。（他很可能与其他同学发生了冲突事件）

C. 他气呼呼地推开门，愤愤地宣布："我不想上学了！谁也别拦着我！"黑着脸，砰的一声关上门。（他现在心情不好）

有了这些具体的表情、肢体动作、行为的补充，我们是不是能更多体会孩子的心情呢？

沟通中，对于语言的理解有三个层次：

👉 第一层：语言内容本身

"我不想上学了。"

🖐 第二层：非语言内容（表情、肢体动作、行动）

　　沮丧、恐慌，黑着脸，欲言又止，躺在床上......

🖐 第三层：背后的故事（真正的原因）

　　遇到困难、遭遇冲突、学业跟不上、被老师批评......

"背后的故事"，孩子是很难在一开始就能完整、清晰地表达出来的。特别是在孩子有情绪的时候。但是非语言的内容会传递大量的信息，帮助我们去解读有限的语言内容，推断事情真正的原因。非语言信息是我们理解背后故事最有价值的线索。如果我们对非语言内容的体会不够准确，一听到孩子的话就急于下结论，停留在对语言内容本身的这个事（我不想上学）或者某个观点（我笨）的互动上，就很容易误入歧途。

要想找到孩子语言背后的故事，就需要先对非语言内容进行解读和回应。这是撬动孩子说出背后的故事的"开关"。

具体该怎么做呢？

　　A. 给躺在床上的小家伙准备点爱吃的水果，趁机问问他："今天怎么这么没精神？不太高兴？"

　　B. 跟恐慌的孩子说："孩子，脸上怎么了，别害怕，有什么事跟妈妈说说，我们一起来解决。"

　　C.等关上房门的孩子气消了，唤他出来吃饭，顺便观察下孩子的反应。说："今天你一回来就关上门，好像在生气，怎么了？"

当我们对非语言信息做出了准确的回应，孩子就会感受到被理解、被支持，也就更愿意跟我们进一步地敞开心扉。这时候，我们就可以有机会"顺藤摸瓜"，进一步揭开背后的故事了。

工具 16：回应公式

　　对孩子的非语言信息进行有效的回应，在上面的例子中，你发现有什么规律了吗？看看是不是使用的这个公式：

$$回应 = 事实 + 感受$$

　　A.今天这么没精神 + 不太高兴

　　B.脸上怎么了 + 别害怕

　　C.一回来就关上门 + 好像很生气

情境小练习：有效给出回应

　　孩子说：期中考试，我屈居第二，就差 0.5 分！

　　是不是大家都常说：

第二已经很好了，下次加油！

谁是第一啊？

错在哪儿了？

试试先使用回应公式，看看孩子的反应，再去询问或者
鼓励，体会下效果会有什么不同？

参考答案：

考了第二名（事实）+ 听着你有点委屈（感受）

就差 0.5 分（事实）+ 这太遗憾了（感受）

会听的不如会问的：

聪明的妈妈都是福尔摩斯，能够侦破所有孩子内心的"疑难杂症"

雯雯在上幼儿园大班的时候，有一天放学，见到我就带着哭腔说："妈妈，老师坏，她把我的贴画全都没收了，我明天不上幼儿园了。"

如果我赶紧安慰："不要紧，妈妈再给你买。"这并没有解决问题。

如果我批评孩子："是不是你不守纪律了！"这很可能冤枉了孩子。

最糟糕的做法是，我顺着孩子说："老师就是坏，我们不理她！"

我们都知道，要先搞清楚到底是怎么回事。可是，如果直接问："怎么回事啊？""为什么啊？"孩子因为太小又很可能说不清楚。

无论多大的孩子，都会有各自表达和理解能力的局限，如果家长无法顺藤摸瓜地了解"到底发生了什么"，是很难决定接下来如何解决问题的。这一步非常关键，却特别容易被家长自以为搞清楚了而"忽略"。还有的时候，我们因为苦于问不清楚，破案太难了，就草草用些安抚手段收场。

正确的做法是：先给予回应，安抚孩子的情绪。

——哎呀，贴画都被没收了，好伤心啊！

接下来，用"顺藤摸瓜法"进行提问。

怎么顺藤摸瓜呢？就是围绕孩子刚才表达中使用的一个"关键词"，提一个"还原情境"的问题。

在雯雯刚才的表述中，显然"没收"是个关键词。

那么再加上情境（5W1H）就可以是：

☞ 关键词 + 事件 What：

贴画被没收，你很难过，需要妈妈帮忙对吗？

☞ 关键词 + 时间 When：

那你跟妈妈说说，贴画是你们做什么的时候被没收的啊？

☞ 关键词 + 地点 Where：

哦，是在哪里被没收的啊？你在座位上吗？

☞ 关键词 + 谁 Who：

是班主任老师没收的吗？还是生活老师没收的啊？

☞ 关键词 + 为什么 Why：

那你知道老师为什么"没收"吗？

难点：为什么的提问，很多时候孩子是说不清楚的。对于小孩子来说，最重要的是通过 How 的提问，即通过这件事是"如何发生"的，进而来判断"为什么"。或者是在了解清楚情况以后，再用"为什么"去启发孩子的思考。

这个 How 的提问，是家长是否能"破案"的关键点。

☞ 关键词 + 如何发生 How：

那老师没收贴画的时候她是怎么说的啊？有没有凶你

啊？你能给妈妈学学吗？

那老师没收你贴画的时候，别的小朋友在做什么啊？

那后来，老师没收了以后，她让你做什么了啊？

有时候，情境比较复杂，孩子说不清楚，我们可以给出选择缩小范围。

你发贴画的时候，其他小朋友是在吃饭，还是没有吃饭来找你了？

老师是只没收了你的贴画，还是所有小朋友的贴画都被没收了？

老师当时在做什么？已经给你们发饭了，还是在让你们收拾玩具？

提供选择也是一种探索，一种推测，不要带着预设的答案："是不是老师不喜欢你？""是不是你违反了纪律？"这样，当孩子的理解能力跟不上的时候，会把你的假设当作事实。

好了，问到这里，"贴画事件"真相大白了。

根据我的了解，幼儿园在晚饭之前，会要求孩子们收拾好玩具，回到自己的小桌子那里坐好，等待生活老师发饭。雯雯显然在那个时候制造了一次"纪律事故"，她忽略了老师已经要求大家坐下来吃饭的要求，给大家发上贴画了。小朋友都跑到她那里去拿贴画，生活老师当然要在这个时候制止了。

于是，我跟孩子说："小朋友们喜欢你的贴画真好，你可真大方！可是，妈妈觉得他们如果在吃饭的时候玩贴画可不太好，这样多不卫生啊。老师是不是担心这个，才帮你暂时"保管"下贴画呢？"

第二天，我跟老师沟通了这件事，确认老师并不是不允许发贴画，的确是孩子发贴画影响了大家吃饭。老师还把贴画都还给了雯雯，她得意极了！

***

"顺藤摸瓜"的使用，要像福尔摩斯破案一样，有足够的智慧和耐心。最忌讳：想要迅速解决问题。当你一快，就会难免犯"经验主义"的错误，代入自己太多的说教、道理，这很可能造成孩子的逆反情绪。

对于言语的表达能力还没有发育得特别好的孩子，我们还可以使用游戏的方法，跟孩子一起进行角色扮演，让孩子把事情和感受演出来。这个过程，虽然可能会伴有孩子的想象，但也会有很多发现。

即使，你确定已经了解了问题，也请耐心地多给孩子一些时间。因为耐心的询问也是一种陪伴。很多时候，这不仅是为了获得需要的信息，更能够让孩子舒缓情绪，感受到你对这件事的重视，同时，孩子也会在这个过程里，学习思考问题、解决问题的方法。

工具 17：顺藤摸瓜提问法

关键词 + 事件 What

关键词 + 时间 When

关键词 + 地点 Where

关键词 + 谁 Who

关键词 + 为什么 Why

关键词 + 如何发生的 How

情境小练习：会提问巧破案

沟通中，有些提问方式是天然会"绝缘"答案的。

作业写完了吗？怎么还没写完？

为什么不会，为什么不行，为什么……？

连这个你不知道吗？

你看我说什么来的？你看看是不是？

而顺藤摸瓜的提问方式贴近孩子的感受、能让孩子乐于接受，愿意分享、又能够真正发现问题。

在孩子遇到问题的时候，你也使用顺藤摸瓜的提问，去破个案吧！

孩子遇到的问题：

如何提问：

① _____

② _____

③ _____

你的发现：_____

询问 Tips

关键词：询问

思考题
我们为什么会和孩子渐行渐远，如何理解他们的世界？ 如何向孩子发出让他们敞开心扉的邀请，让孩子愿意跟你说？ 如何通过有效的倾听，让你的孩子愿意说得更多？ 如何了解孩子所说的话的背后故事？ 当孩子还小或者自己说不清的时候，该如何去了解问题？

刻意练习：养成倾听、回应、提问的习惯

请练习工具 15/16/17，养成倾听、回应、提问的沟通习惯。

	你的表现	记录孩子的反应	可以如何改善方法
倾听			
回应			
提问			

询问工具箱导图

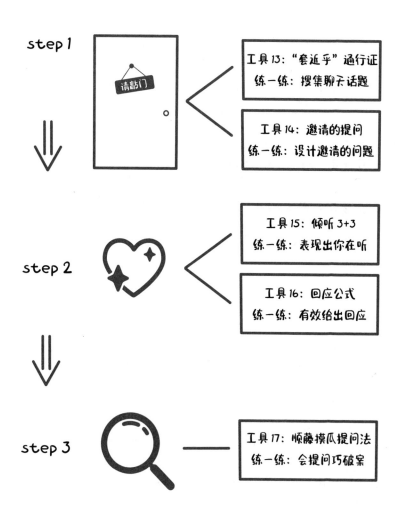

step 1

请敲门

工具13："套近乎"通行证
练一练：搜集聊天话题

工具14：邀请的提问
练一练：设计邀请的问题

step 2

工具15：倾听3+3
练一练：表现出你在听

工具16：回应公式
练一练：有效给出回应

step 3

工具17：顺藤摸瓜提问法
练一练：会提问巧破案

灌溉施肥篇

第 4 章

支持，

做给力的父母

关键词：支持

　　女儿四五岁的时候，在除夕的家庭聚会上，我带着她和几个亲戚家的小朋友一起做识字的游戏。我拿出识字卡，认识的小朋友就举手，由我点中谁来说，说对了发一张贴画。因为雯雯小时候识字很好，她总是会很快举手。我本能地怕怠慢了别人家的孩子，所以有时候会特意等等其他小朋友的反应，有时候即使雯雯和其他的孩子一起举手，我也会优先请其他小朋友先说。几次下来，雯雯觉得妈妈"偏心"，哭着转身跑开了，还一边抹着眼泪一边说："没有你这么当妈妈的！"

面对这样的情形，你们也会像我这么做吗？很多时候，我们总是按照一个大人的想法、遵循所谓成人社会的标准、本着顾全大局的思路——去解决和处理孩子的问题。但是，我们忽略了孩子的感受，让他们没有感受到被爱、被支持，"爸爸妈妈不给力！"

我们认为"对"的解决方案和孩子真正需要的支持往往会背道而驰。

思考题：

- 玩手机、早恋、零花钱……怎么寻找这些问题的解决方法？
- 在哪些时候我们是必须要给孩子撑腰的？
- 自信的孩子是如何支持出来的？
- 当家长也没有经验的时候，如何寻找支持孩子的方法？
- 无条件地相信和支持孩子，会不会反而让孩子有压力？

找到给力的支点:

找到对的支点,才可以真正撬动问题的解决

在一次讲座的答疑时间,有家长问了一个问题:孩子写作业的时候经常听音乐怎么办?没想到这个问题得到了不少家长的共鸣,大家纷纷表达意见。细细听下来,大概有这么两类。

一类是"看不惯"。

"这怎么行?"

"这是不对的!"

"现在的孩子就是条件太好了!"

这类家长,都比较容易根据自己的经验下判断,内心里

有个标准，或者会给孩子贴一个标签。也就是在认知层面，先不分青红皂白就把这个事否定了。

还有一类是"太敏感"。

视之为洪水猛兽，怒气冲冲，表示坚决要制止！

一下子就回到自己担心的主题，影响成绩可怎么办啊。

十分焦虑，从听音乐想到会不会也玩游戏，从玩游戏想到网络成瘾……

这类家长往往还没把事情搞清楚，就已经把自己"吓坏了"。或者一提起这个问题，就气不打一处来。

当"看不惯"和"太敏感"出现的时候，我们往往无法解决问题。

课堂上，我跟大家说，要处理问题，首先要拿掉自己的"看不惯"和"太敏感"，然后，提出帮助大家解决问题的"5个谈话主题"。回家后，我也按照这几个主题和女儿做了交流。

问一问做这件事时，孩子的体会和感受是什么？

我说："妈妈发现你有一个写作业的时候听音乐的习惯。我在讲课的时候也发现很多孩子也都有这个习惯。妈妈和其他家长一样也会担心影响你做作业时的注意力。你感觉会是这样吗？"

雯雯说："不会，音乐反而是一个天然的隔断，会让我感觉外面的世界被隔绝了，可以很快进入学习的状态了。"

问一问孩子是如何理解这件事的？

孩子并没有我们想象的那么"幼稚"，对问题也会有自己的理解。她给我打开手机，说："妈妈听什么音乐是有讲究的。你看，我听的音乐都是这种没有歌词的。"我发现歌单里的确有很多自习音乐、考试音乐、刷题音乐……我甚至在女儿这里学习到了一个新词叫"白噪声"。

问一问自己，你对这件事的观点和看法是否过时了？

跟雯雯的谈话，的确彻底颠覆了我自己关于学习时"应该环境安静"的旧观念。想起自己小时候没有这些电子用品，外部环境也没有在网络时代这么嘈杂。学习时，安静专注很容易实现。如今，看来的确要想点新办法了。

问一问其他人，这件事在他们的家庭里是如何处理的？

之后，我又找了一些家长和做注意力训练的老师了解这个问题，也的确没有发现听这类音乐，会影响注意力的实际证据。大家提出的一些问题我觉得很好，比如，如果习惯了听音乐才能专注，那么考试的时候没了音乐怎么办？用手机听音乐忍不住又刷视频怎么办？

我又返回来跟孩子一起继续探讨这些新问题，我发现孩子对有些问题已有自己的思考。她说，考试的时候，因为环境的氛围压力在那里，会自然地集中注意力。在家里反而不行，窗户外面马路上也有声音传来，房间里也有很多吸引注意力的东西，所以才需要音乐。

最后，问一问自己，我们要支持孩子前往的方向是什么？

这是最考验家长智慧的时刻了。很多问题都不是简单的禁止和允许就可以处理的。我们的孩子在这件事上处于什么状态？她的理解程度如何？基于当下的环境，我们解决这些问题的"关键点"又在哪里？最重要的是，我们该带她走向何方？

所以后来，我们又一起聊到了什么样的音乐可以提升注意力？如果打开手机被吸引了想去刷视频如何避免？还一起探讨了不少增强注意力的方法。

从简单的是不是要禁止写作业听音乐，到如何增强注意力，我想，我找到了解决这个问题的"关键点"——"如何在学习的时候集中注意力"。本来一个让家长担心的"问题点"，反而成为撬动孩子成长的一个新的"支点"。

每个孩子解决问题时需要的"支点"一定是不一样的，这取决于孩子的体会、理解、认知水平、自我管理能力等方面，所以这些问题的处理自然也不能一概而论。相通的是，我们都需要回到你的孩子的"位置"，去感受她的困难和需要。放下你的"看不惯"和"太敏感"，找到能让这件事给孩子带来成长的方向。

写这一篇的时候，我又特意问了下雯雯，你现在最需要的"支持"是什么？此时已经 15 岁的她说："是支持我真正爱做的事吧。"

爱她所爱，想必就是最给力的支持吧！

工具 18：寻找支点 5 问

问一问孩子的体会和感受是什么？

问一问孩子是如何理解这件事的？

问一问自己，你对这件事的观点和看法是否过时了？

问一问其他人，这件事在他们的家庭里是如何处理的？

问一问自己，我们要支持孩子前往的方向是什么？

情境小练习：5 个谈话主题

使用 5 个谈话主题看看会有什么发现？

☝ **学习不好的朋友能交吗？**

如果你的孩子交了一个你认为学习不好的朋友，你也可以问一问，他和这个朋友在一起开心吗？你能理解孩子真正内心的需要吗？

☝ **如何使用手机？**

很多家长不给孩子手机用，担心影响学习。当我们去询问孩子对使用手机的看法的时候，你会发现，很多孩子也知道玩手机会影响学习，只是自己的自控力可能还没那么好；而且一些学校不允许使用，另一些学校则会建立学生微信群，留作业、发通知。我们是否也要考虑到这些因地制宜的情况呢？

☝ **早恋应该被禁止吗？**

早恋这件事，在我们还是学生的时代，的确在很多地方都是被禁止的。可是，现代的孩子们发育越来越快、文化的开放度也在发生变化。在当下，主流的看法又是什么呢？出现了哪些变化呢？

👆 **要给零花钱吗？**

零花钱的问题，其他家庭是如何处理的呢？金额是多少，如何给付？是否需要做家务兑换……和我们经济条件差不多的家庭和差距比较大的家庭是否也有差异呢？

工具 19：递进式表达法

在询问孩子的过程中，我们要首先表达清楚，自己为什么要做这次交流，尽可能不要让孩子感觉到"抵触"。我们是带着真诚和好奇来了解。递进式表达法能帮助我们更好地打开孩子的心扉。

情境小练习：从事实谈起

讲事实：妈妈发现你有一个写作业的时候听音乐的习惯。我在讲课的时候也发现很多孩子也都有这个习惯。

讲感受：妈妈和其他家长一样也会担心影响你做作业时的注意力。

提邀请：你感觉会是这样吗？也许和妈妈想的不一样吧？

腰该怎么"撑"：

关键时刻，永远不能缺席

　　孩子为什么会变得讨好、自卑和懦弱？是在他们需要支持的关键时刻，没有能给他们"撑腰"的父母。

　　心理学中有个"煤气灯效应"，描述的是一种心理操控手段，主要是通过各种暗示说服受害者，认为自己的想法是不对的，而加害者的想法是正确和真实的。让受害者产生一种自我怀疑，出现认知失调，从而对自己的感受和现实感都出现了混乱。导致他们的自尊心低下，从而被控制。这是一种典型的精神上的PUA。

　　这么可怕的事，有时候父母恰恰也在这么做。

你怎么这么小气？

你看看你怎么这么矫情？

跟弟弟发生冲突就是你的错！

老师说的就是你不对！

你看你又给我惹事？

这孩子就是不争气！

为什么别人总是欺负你？

仔细想想，这些语言，是不是也会让孩子产生自我怀疑呢？我明明不喜欢，明明委屈，我觉得这件事不怪我，我感觉自己受了伤害……但是父母说，这都是我的错！所以，我是坏的，我是不好的，我这样是不对的。

自我怀疑，是对孩子一个非常致命的伤害。孩子在成长的过程中，难免不会做、难免犯错、难免闯祸，我们虽然有责任让他们知道怎么做才是对的，但不能让他们对"自我"产生怀疑。当孩子的尊严、利益、自我价值可能被触碰或者损害的时候，我们是必须站出来给孩子"撑腰"的。

维护孩子的利益

当孩子不愿意分享心爱的东西，或者在和小朋友玩耍中孩子的东西被"抢"走的时候，我们不能说孩子自私，要维护孩子的"自我边界感"。否则孩子长大了会不敢去争取自己的利益。孩子的私人物品、私人空间、自我决定的权力，也是应该维护的。

不要顾及所谓的大人的面子，要说："这是我孩子的事，请他来决定吧。"

尊重孩子的决定

小朋友经常会被强迫社交：来，给大家表演个节目。快，你怎么不和阿姨打招呼？上什么课外班、参加什么游戏有时候也会被大人认为"这是有用的"而必须去做。如果孩子总是被勉强违背自己的意愿去做事，不做就被扣个"没礼貌""不听话"的帽子，久而久之，孩子也会认为自己很糟糕。

不要强迫孩子做你认为对的事。要说："你不喜欢可以不做，不会强迫你。"

给孩子真正的公正

当孩子们之间起了冲突，真正的公正并非要求孩子一定要懂事、要听话、要让着年纪小的或者客人家的孩子。不能用"咱们是姐姐""咱们是男子汉""咱们是主人"去道德绑架孩子。谦让是一种美德，但前提是孩子自发自愿，并且不感到委屈。

要说："放心，妈妈会解决这个问题，给你一个公平的答复！"

做孩子的保护伞

当老师打来电话，提出孩子的问题，我们要给孩子澄清的机会。

可以说："感谢您关心孩子，我了解下情况给您反馈。"

当孩子在外面不小心闯祸，我们要有家长的担当。

可以说："有问题请跟我说，我来解决。"

当孩子被他人否定和打击时，我们千万不能碍于面子不说话。

可以说："我自己的孩子自己来管教。"

当孩子被人欺负，我们自然也要第一时间挺身而出。

告诉孩子："可以还手。别害怕，无论经历了什么，你都可

以跟妈妈说出经过……"

工具 20：给孩子撑腰的话

让孩子产生自我怀疑的话	给孩子撑腰的话
• 你怎么这么小气？ • 你看看你怎么这么矫情？ • 跟弟弟发生冲突就是你的错！ • 老师说了就是你不对！ • 你看你又给我惹事？ • 这孩子就是不争气！ • 为什么别人总是欺负你？	• 这是我孩子的事，请他来决定吧。 • 你不喜欢可以不做，不会强迫你。 • 放心，妈妈会解决这个问题，给你一个公平的答复。 • 感谢您关心孩子，我了解下情况给您反馈。 • 有问题请跟我说，我来解决。 • 我自己的孩子自己来管教。 • 可以还手。别害怕，无论经历了什么，你都可以跟妈妈说出经过。

情境小练习：表达你的立场

场景一：老师打电话来，婉转表达了对孩子学习成绩的不满，拖了班级的后腿，你会如何沟通？

场景二：邻居找上门来，说你的孩子弄坏了自己孩子的贵重物品，你会如何应对？

场景三：你怀疑孩子在学校遭遇了霸凌，他忧心忡忡，不愿开口，你会如何对孩子表达立场，让孩子愿意说出来？

静待花开勤浇水：

支持是一种能产生有效结果的实际行动

我们都想培养一个自信的孩子。自信从哪里来呢？

孩子上学的头几年，是自信形成的关键时期。自信就是一种自我效能感——"我可以""我行"！这些感觉在孩子擅长的地方特别容易找到。同样，在孩子遇到困难的时候、做不好的时候，也特别容易产生自卑。

写到这里，大家还记得"批评"一章中我们说要在这里讨论的问题吗？如果我们的孩子跟不上进度该怎么办？到底要不要"静待花开"？还是要采取行动呢？

美国心理学家格塞尔曾经做过一个著名的"双胞胎爬

梯"实验：被试是一对出生 46 周的同卵双生子 A 和 B。格赛尔先让 A 每天进行爬梯子训练，6 周后，也就是第 52 周，A 爬 5 级梯只需 26 秒。而在第 53 周时，没有经过任何训练的 B，爬梯还需要 45 秒，格赛尔再对 B 连续进行两周的爬梯训练，到第 55 周，结果 B 爬上 5 级梯只需要 10 秒。尽管 A 比 B 早训练了 7 周，训练时间也是 B 的三倍，但是在 56 周和 3 岁时，格塞尔发现，A 和 B 的爬梯成绩惊人地相似。

这个实验给我们的启示是：教育要尊重孩子的实际水平，在孩子尚未成熟之前，要耐心地等待，不要违背孩子发展的自然规律，不要违背孩子发展的内在"时间表"。而且，人为地通过训练加速孩子的发展，这是没有什么意义的，只会增加孩子的负担。因为等到他发育到位了，自然很快就会学会。

我女儿小学的班主任曾经有一个统计，入学时候考试在 A 段的孩子，未必 3 年级还在 A 段，反而很多 B 段，甚至 C 段的孩子，上升为 A 段。原因就是孩子的很多能力，在这两年会得到突飞猛进的发展，很多看似复杂的学习能力问题，其实很快就解决了。而提前抢跑的孩子，未必会在最后也领先。

这就是我们经常说的要"静待花开"。

当然，静待花开也不是什么也不做，你总得浇水施肥吧。现实很"骨感"，环境如此"内卷"，我们也不能让孩子在花开之前，自信心就都被暴风雨摧残了。

我的女儿小时候形象思维发育得比较好，但抽象思维发育得比较慢。她入学时可以识 2000 个字，但是却算不好 10 以内的加减法，必须靠"掰手指头"来解决。我知道她只要到了二年级很快就能进行"心算"。但是，我们现在要解决的是，班级的小朋友都可以不依靠"手指头"了，如果我们完全放任不管，会对孩子的自信心造成一些伤害。

所以我做了两件事——

心理建设：告诉孩子，掰手指头是正常的，这样才算得准。算得快挺好，但算得准也特别重要。又快又准就需要练习。

自信练习：我们每天就做 10 道题，争取每次都全对，增加孩子的信心。这种"小剂量""高频率"的练习，让孩子找回自信又能稳步提高。获得自信的关键就是要让孩子能感觉到每一次都"成功"！所以在练习的设计上一定要适当"降低难度""扫清障碍"到孩子可以胜任，每次提高一点点。

"静待花开"是一种顺势而为的笃定心境，这份笃定来自默默支持的行动。

在给孩子做心理建设的时候，可以使用"正常化"和"正面赋义"的沟通方法。

工具 21：正常化暗示

正常化技术：是一个积极的心理暗示，告诉孩子你遇到的问题不是特殊的，你的反应也是正常的，其他孩子也会遇到。避免孩子产生自我怀疑感和自卑感。

工具 22：正面赋义

正面赋义技术：这件事的积极价值是什么？掰手指头能算得更"准"。让孩子树立积极的信心。

情境小练习：做好心理建设

如果你是在"批评"一章中提到的写字总写不到格子里的超超妈妈，现在，你是不是知道了该如何支持孩子在写字这件事上获得自信呢？

据我所知，超超妈妈跟孩子说，"写不好没事，没练习过的小朋友都不会写。正好我们可以画回来，咱们一起做猜猜看的游戏。"（心理建设）妈妈买了作业记录本，里面已经画好了格子，写好了数学、语文、作业、日期等字样，孩子只需要填写内容就可以。（降低难度、扫清障碍）在家里，妈妈挑选记作业时最常出现的字，开始做练习：背、抄写、读……并且加强描红和笔画练习，让孩子尽快掌握握笔技巧。（小剂量、高频率）

先做自我突破：

"担心"只会增加负担，"我努力为你提供支持"才是爱

　　有位妈妈来做咨询，说家里有个漂亮的女孩子，如今长大了，她很焦虑，总担心女儿谈恋爱，遇到渣男可怎么办？我问这位妈妈，你知道怎么对付渣男吗？她一拍大腿说："我就是不知道！所以才焦虑。"

很多时候，我们对孩子给不上力，是因为自己就没"劲"。

　　我女儿在上初二后，也遭遇了学习上的困难。当时，她在北京海淀一所优质的中学读书，当我去开家长会的时候，

面对教室里坐着的那么多博士、科研人员的学霸家长们，其实心里也非常有压力。我的专业是教育心理学，我知道自己在孩子情感的陪伴上还是有把握的，但是关于学习方法，我也要从头学习。如何记笔记、整理错题、下载错题整理软件、考察和试听课外班、跟其他家长交流经验……

支持，是要突破自己的局限，和孩子一起并肩去战斗。

工具 23：寻找方法提问

作为家长，我们也会遇见没有经验处理的问题，解决问题的时候如果没有头绪，可以尝试用下面的问题寻找方向：

- 达成目标（解决问题）需要哪些资源？
- 这些资源在哪里可以找到？
- 如果你必须得到帮助，你会想到谁？
- 如果需要发挥优势或者特长，你会怎么做？
- 其他家长是怎么操作这件事的？解决了哪些问题？
- 成功（失败）的家长是怎么做的？经验是什么？

情境小练习：妈妈的资源清单

养育是一个充满挑战的过程，当面临认知、经验的局限，我们可以在哪些地方寻求帮助并找到"答案"呢？耐心列一列，总能用得上。

网络资源有：＿＿＿＿＿＿＿＿＿＿＿＿＿＿＿＿

人际资源有：＿＿＿＿＿＿＿＿＿＿＿＿＿＿＿＿

专业资源有：＿＿＿＿＿＿＿＿＿＿＿＿＿＿＿＿

其他资源有：＿＿＿＿＿＿＿＿＿＿＿＿＿＿＿＿

"有条件"的支持：

别让你的代价，成为孩子一辈子的内疚

现在很多家庭都为养育付出了巨大的代价。不惜代价地"补课""上兴趣班"，不少妈妈辞去工作，全职在家带娃。这样"无条件的爱"真的有用吗？

无条件的爱其实是源自人本主义心理治疗流派的治疗观念——无条件积极关注，是说心理咨询师要以积极的态度看待来访者，对他们的行为的积极面、光明面，给予有选择的关注，在咨询过程中，不作评价和要求，对来访者表现无条件的温暖和接纳，让来访者觉得他是一个有价值的人。这个治疗理念慢慢在家庭教育中被简单地解读成了一句简单的口号："无条件的爱"。

为了学习家务活全包了，孩子一旦开始做作业，家里就得特别安静，对孩子的要求尽可能都要满足，每门课都安排辅导……这些"无条件的爱"就像怕跌倒就一直把孩子放在学步车里，担心孩子吃不下就把食物研磨得很细碎一样，都是对孩子成长力量的剥夺。"无条件的爱"的说法，还会给父母带来压力，导致她们压抑自己的感受，过分地牺牲自己，从而导致对孩子过度的控制。

每次出差，在航空公司起飞前的安全视频中，我都会听到这个提示：当飞机颠簸的时候，请先自己带上氧气罩，再去帮助孩子。保全自己的精力和自我发展，是对孩子支持的前提。如果对孩子的培养，超越了自己和家庭的"实力"和"精力"，会带来大量不必要的消耗。并且会给孩子带来巨大的精神压力。

工具 24：支持前的确认

- 这个支持是不是一定必要的？
- 为了这个支持付出的代价是否过大会带来压力？
- 有没有其他更小的代价可以达到同样的支持效果？
- 执行这个支持的过程中家长的精力是否被过度消耗？

🐓 这个支持是否牺牲和损害了家庭和家长长期的可持续
发展？

🐓 这个支持孩子是否"领情"？是否能达到效果？

🐓 不能提供这个支持，你是否会过度内疚，超过了事情
本身？

情境小练习：调整至最佳支持状态

　　找到日常生活中，你在支持孩子的过程中感觉到疲惫或
焦虑的事，静下来，认真问问自己以上 7 个问题，看看是否
能找到更加有效的方法，或者调整到一个更加高效的不内耗
的状态。

_____

_____

关键词：支持

思考题
玩手机、早恋、零花钱......怎么寻找这些问题的解决方法？ 在哪些时候我们是必须要给孩子撑腰的？ 自信的孩子是如何支持出来的？ 当家长也没有经验的时候，如何寻找支持孩子的方法？ 无条件地相信和支持孩子，会不会反而让孩子有压力？

刻意练习：解决问题我的 5 个谈话主题

请在日常生活中，练习寻找支点 5 问，拓展自己，解决孩子的实际问题。

	问题	记录结果	你的发现
第一问	孩子的体会和感受是什么？		
第二问	孩子是如何理解这件事的？		
第三问	你对这件事的观点和看法是否过时了？		
第四问	这件事在他们（别人）的家庭里是如何处理的？		
第五问	我们要支持孩子前往的方向是什么？		

支持工具箱导图

支持

↑ 支 持 孩 子 ↓	解决问题 工具 18：寻找支点 5 问 练一练：5 个谈话主题 工具 19：递进式表述法 练一练：从事实谈起	出面撑腰 工具 20： 给孩子撑腰的话 练一练： 表述你的立场	静待花开 工具 21：正常化暗示 工具 22：正面赋义 练一练：做好心理建设	↑ 搞 定 事 ↓
↑ 强 大 自 己 ↓	自我突破 工具 23：寻找方法提问 练一练：妈妈的资源清单		评估条件 工具 24：支持前的确认 练一练：调整至最佳支持状态	↑ 搞 定 自 己 ↓

第 5 章

放手，

成长需要空间

关键词：放手

女儿小学时，作为少先队员代表参加了中华人民共和国成立 70 周年庆祝活动的群众游行演出。为了完成这个光荣的任务，她第一次离开家，参加了封闭式的阅兵训练。那年她才 10 岁。由于这是一项保密任务，家长不仅没法探望，也无法了解孩子的具体情况。她能适应阅兵训练的强度吗？集体生活会遇到困难吗？她会不会想家？……对于孩子和家长来说，真的都是一项巨大的心理挑战。但时至今日，我们依旧很庆幸当初能够勇敢"放手"，让小雯雯去迎接了这个挑战。因为孩子令人惊喜的成长，总是发生在这些"分离"的时刻。

还记得孩子蹒跚学步的时候，我们第一次忐忑地试着放开手吗？在他学习脚踏车的时候，我们偷偷松开后座，不再帮助保持平衡；在她背上书包走进幼儿园的那天早上，我们挥挥手，然后狠心转身……

孩子是在一次次"放手"中长大的。

❓ 思考题：

☝ 为什么父母不在身边的时候，反而是孩子成长最快的时候？

☝ 孩子为什么磨蹭、拖延，一离开父母的要求就什么都做不了？

☝ 什么时候可以放手？放手要如何"放"？

☝ 如何终结"吼作业"，帮助孩子养成好习惯、戒掉坏习惯？

☝ 面对内卷该如何学会放手？如何才能把行动掌握在自己手中？

请放手

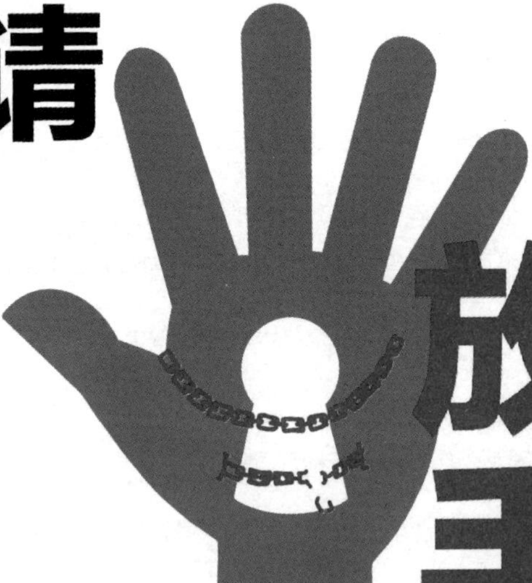

给出成长的空间：

成长，是有能力去打开一个又一个新的世界

很多小朋友都会有一个要随身带着的"物件"，比如，一个柔软的玩偶、一个布艺枕头、一条毯子……他们对这个物件十分钟情，走到哪里就带到哪里。这是怎么回事呢？

在心理学中，把这样处理孩子和妈妈的分离焦虑的贴身之物叫作"过渡性客体"。它们是儿童自己发现或者创造出来的。当孩子知道妈妈不可能随时随地地出现后，他们就找了这个替代性陪伴自己的物品。让他们感到舒适、安慰，能对抗焦虑、寂寞，帮助自己安然入睡，或者在出行的时候，抱在怀里感觉自己不那么孤单。

孩子的成长非常需要这样的心理"过渡"。即使成年人，想想当我们新到一个单位、去外地生活，也是会带上自己的"熟悉之物"。这些熟悉之物会帮助我们更快地完成对新的环境、新的人际关系的心理适应的过程。

与过渡性客体起到同样适应作用的还有"过渡空间"。这个空间在形式上表现为介于孩子"熟悉的"和"未知的"环境之间；在心理上，也介于孩子已有的内心经验和陌生外部现实之间。比如，小区院子里有一个游乐场，孩子们经常在家长的陪伴下在那里和邻居小朋友做游戏。这个空间帮助孩子适应了"交友"的现实过程，但又保留了和家庭熟悉的相关感觉。再比如，上学前，孩子参加了一个幼小衔接的课外班，在这个空间里开始执行学生的规则，但也保留了幼儿园的一些熟悉痕迹。过渡空间，不仅给孩子带来了新的适应行为，也让孩子获得了全新的内在成长。

延展开来，"过渡空间"不仅可以是一个客观的环境，也可能是一次新的社交活动、一个需要尝试的新任务、一次独自的旅行……这样的过程，也构成了一个"过渡空间"，即"带着熟悉去迎接陌生""本着已有的经验去应对新挑战"。

放手，就是敢于让孩子去挑战一个个"过渡空间"，甚至创造出这样过渡的空间，去延展孩子现实的脚步，也同时拓展孩子内心的广度。

成长，需要"空间"。

工具 25：AAA 鼓励法

当孩子去一个新的环境、迎接一个新的挑战，难免会感觉到害怕，这个时候，鼓励就非常重要。

Allow 允许

当孩子说："妈妈我害怕！"千万别说："这有什么好害怕的！"这样否定了孩子的感受，孩子就更没有力量去勇敢尝试了。可以说："妈妈知道了。如果是我，也会这样吧。"当孩子可以表达出害怕、担心时，其实就没那么害怕了。

Accompany 陪伴

陪伴是最好的鼓励。陪伴可以是在场的。你可以说："妈妈陪着你一起做！""放心吧，妈妈就一直在出口等你。"陪伴也可以是精神上的："妈妈会一直给你加油！等你胜利回来！"

Anchor 心锚

当孩子完成挑战，要能够及时跟孩子回顾有价值的"经验＋感受"。跟孩子说："你能解决这个问题，真是很勇敢。""你这样做，真是太机智了！"给孩子在成功的感觉上种下心锚。当下一次再出现需要挑战的情境时，就可以说，"还记得上一次你是怎么解决的吗？就像过去一样，一定没问题！"

情境小练习：放手前的预热

孩子在成长的过程中有很多"重要时刻"，第一天上幼儿园，第一次独自下楼玩耍，第一天上学，第一次放学自己回家……你会为这些挑战做一些什么样的"过渡准备"呢？在过程中，你又可以如何鼓励孩子？

Allow 允许：＿＿＿＿＿＿＿＿＿＿＿＿＿＿＿＿

Accompany 陪伴：＿＿＿＿＿＿＿＿＿＿＿＿＿

Anchor 心锚：＿＿＿＿＿＿＿＿＿＿＿＿＿＿

别"拴住"孩子：

童年的枷锁，可能会成为孩子一生无法挣脱的命运

佳佳四年级了，妈妈"事无巨细"地帮助她规划好了每一天放学后要做什么，从上小学开始就这样。到了高年级以后，妈妈想，是不是可以放手了？没想到，一离开妈妈的计划，只要妈妈不监督，佳佳就磨蹭、拖延，自己不会做了。妈妈很困惑："我都跟你一起做了这么多年了，你还没有学会吗？"

到底哪里出了问题呢？也许听完这个故事我们会有一些启发。

　　小象出生在马戏团中，它很淘气，总想到处跑动。工作人员在它腿上拴上一条细铁链，另一头系在铁杆上。小象对这根铁链很不习惯，它用力去挣，挣不脱，它无奈地只好在铁链范围内活动。过了几天，小象又试着想挣脱铁链，可是还没成功，它只好闷闷不乐地老实下来……一次又一次，小象总也挣不脱这根铁链。慢慢地，它不再去试了，它习惯铁链了。小象一天天长大了，以它此时的力气，挣断那根小铁链简直不费吹灰之力，可是它从来也想不到这样做。它认为那根链子对它来说，牢不可破。

心理学上有个术语叫"习得性无助"。讲的就是小象最后无法挣脱锁链的状态。这种"无力""我做不到"的心理暗示早已深深地植入了信念之中，即使拿开"锁链"，也变得无法行动。

妈妈事无巨细的"管理"，就好像拴住小象的锁链。虽然佳佳每天也在妈妈的推动下完成了任务，但是却丧失了自己最宝贵的主动性，甚至有些孩子还失去了热爱学习的动机和自信心。

会让孩子变得"无助"的家长常常容易犯以下的错误。

　🖑 不断打击孩子，总是觉得孩子不行。或者过高地要求孩子，怎么做也达不到父母的标准。

🖐 非常强势，一意孤行。认为不对的事就不许做。孩子慢慢就失去了表达自己需要的能力，说了也没用。

🖐 过度地照顾，只要学习就好，让孩子失去生活自理能力，慢慢地也就没有了各方面的主动性了。

🖐 还有一种非常隐蔽，叫作极度优秀的家长。孩子怎么做也达不到家长的标准，感觉到自己无论如何都无法超越父母亲，自己是个失败者。

工具 26：转化无力的语言

当孩子心里没劲儿的时候，会经常说：我做不了，我不知道，我不会，那太难了，我没办法……家长这时候不要责备孩子，可以试着转化为行动的方式去鼓励孩子先动起来。孩子行动后有了哪怕一点点成绩，我们都要马上积极地肯定，再继续尝试、继续肯定。这样逐步让孩子变得更加主动。

我做不了——来，咱们先从这里开始做。

我不知道——想想看，我们在哪里可以找到答案？

我不会——你想了解哪些？需要妈妈教你点什么？

那太难了——整个完成是有点挑战，我们先从这个你可以的部分开始做。

我没办法——我们试试，这样是不是可以。

情境小练习：情绪脱"钩"

想要转化孩子无力的语言，父母要先能控制好自己的情绪。因为孩子的这些消极的表达就像"钩子"一样，很容易把我们的负面情绪钩出来。家长一听到这样的话就会愤怒、焦虑、担忧……在语言上就在不由自主地强势、控制、指责……这样不仅不能帮助孩子，还会加深孩子的无力感。下面这个填空题，帮你把"钩子"找出来，在之后的沟通中一定留意。

每当孩子说_____的时候，我就会_____（情绪），

同时会对他_____（采取的语言和行动）。

往往结果是_____。（孩子的表现）

所以下一次我要_____。（语言，行动）

恰到好处的挫折：

成长的挑战，是要"跳一跳"就能够到的

"拴住"孩子，会束缚孩子的成长，但如果太"放手"，没有了保护，或者设置太高的"挑战"，也会因为孩子在能力上无法胜任，或者心理上无法承受，而产生挫败、自卑、畏惧的情绪。

成长需要"恰到好处"的挫折。

雯雯去参加阅兵训练之前，其实我们也对孩子进行了相应的评估。她虽然没有独自离开家这么久，但我们会经常带她出门旅行，接触陌生环境、让她解决一些遇到的问题。她还参加过一次短期的由学校组织的"游学"活动，与熟悉的同学、老师一起在农场同吃同住了几天。所以这一次阅兵训

练，是在这些已有的现实技能和心理适应的基础上，又增加了时间长、任务重、陌生同学集体生活、严格保密，这样的一些"新挑战"。

评估孩子是不是可以胜任挑战，可以考虑以下几个方面。

评估现实能力：

现实能力，包括孩子的智力、技能水平、经验程度、对环境的熟悉度，等等。也就是在现实中，孩子接受的这个挑战，是不是通过想办法能够胜任，而不是注定要失败，甚至有伤害的可能性。

评估心理能力：

心理能力是家长特别需要关注的。我们往往在按照自己的心理感觉去评估或者简单推断，很难设身处地回到孩子的感受。对孩子来说，从游乐场里看不到妈妈都是一场巨大的"灾难"。第一天上幼儿园，也要经历特别复杂的心理过程。即使上了初中的孩子，对他们来说交不到朋友，或者失去一个朋友，都比我们想象的要经历更多的心理适应的过程。

评估支持资源：

在这个挑战中，孩子可以得到的支持是什么？支持分现实层面的，也包括心理层面的。离开家的孩子，带好通信工具，带着"过渡性客体"，同行者是否有熟悉的伙伴，遇到特殊情况，哪些人可以帮助到她。集体活动中，组织者也是非常重要的资源。

评估挑战内容：

小一点的孩子们都会因为"游戏"而忘记了"害怕"，更容易适应新的环境。所以内容是否足够"有趣"很重要。大一些的孩子们，开始懂得了"意义""责任""荣誉"，就更容易能够调动心理力量去接受更困难的挑战。

工具 27：评估心理能力

👆 **小朋友可以问**

你想自己试试吗？

这样可以吗？行吗？

我能陪你先做一次吗？

注意：不要轻易问，害怕吗？这样会带来一个消极的暗示。我们可以从孩子的情绪状态里，观察他是否胆怯、害怕。带着鼓励去问：可以吗？

✌ **大朋友可以聊**

这件事你是怎么考虑的?

你的担心和顾虑是什么?

需要妈妈给什么支持吗?

你觉得困难可能是什么?

如果遇到了……你知道解决的方法吗?

情境小练习:观察孩子的承受力

评估孩子的心理承受力,我们可以从以下几个方面进行观察,在沟通中要多多注意这些信息,想一想你的孩子在挑战一件事之前的表现,写出来,感受下。

心理能承受(胜任):

语言信息(怎么说)_____

非语言信息(表情、肢体动作、情绪)_____

行为信息_____

心理不能承受(不胜任):

语言信息(怎么说)_____

非语言信息(表情、肢体动作、情绪)_____

行为信息_____

好习惯巧养成：

养成一个好习惯，少去一箩筐头疼

有家长问我，"张老师你在家里也'吼作业'吗？"我想了想，还真是几乎没有。这得益于雯雯从小就养成了按时完成作业的好习惯。个人卫生、内务整理、手机游戏……这些其实都是行为习惯的问题。孩子每养成一个好习惯，成长路上就会多一分自信，家长也更容易放手。

养成好习惯其实很简单，把握三个要素：条件、行为、奖励。

条件，就是要在什么情况下使用这个习惯：包括时间、地点、情绪、周围的人、之前发生的事。大人们都很难仅仅靠意志力去养成习惯，何况孩子呢。所以，要学习巧妙地把促成习惯的这些条件设计好，就会事半功倍。

举个宿舍管理的例子。为什么住宿舍的时候作息习惯就很好，回到家里自己就难以保持？这就是"条件"的作用。宿舍管理，严格遵循了一个按时睡觉的"条件组合"。晚上 10 点半（固定时间），上床（地点、环境），全体同学（周围的人），浴室 10 点一刻关闭（之前发生的事），准时熄灯（紧张，触发情绪反应）。这些条件组合在一起，帮助行为进行了固定。

记得雯雯第一天放学回家（时间），我召开了一个家庭会议，向大家宣布，从今天起雯雯就是一名小学生了，做作业是我们非常重要的一项"工作"。全家人都要支持雯雯完成这项"伟大"的任务！（情绪）她要亲自在自己的房间里安静地完成这项任务（地点），奶奶在写作业期间不能来送吃的了，弟弟也不可以敲门打扰（环境）……然后我们关门、打开小台灯、收拾好桌面（之前发生的事），开始写作业。这个满满的仪式感就是设定了一系列条件。雯雯一直保持着这个习惯，即使上了初中在网课期间，她也会关门、开灯（动作连续的条件反射），然后开始学习。

行为，顾名思义，就是在这个习惯里，我们要干点什么。

很多家长都说，"我们家娃写作业习惯不好。"但是到底写作业的习惯，哪里不好？要怎么做才算好？这里最重要的就是你要知道"最小关键动作"是什么。

比如，最开始写作业：整洁桌面、开灯、坐直、拿出书本。这些就都是最小关键动作。整洁桌面，保证孩子的注意力不会被桌子上的玩具、文具吸引。开灯、坐直意味着保护视力的暗示。拿出书本，意味着开始学习。

如果是写字作业，最小动作可能就是计时完成一页。如果是背诵作业，最小动作可能就是先通读三遍。雯雯还有一个记作业的本子，每写完一项作业打一个钩，这也是老师从小就要求的最小关键动作。

工具 28：最小动作指令

很多时候，孩子不能养成好习惯，就是因为我们没有把要求提到"最小关键动作"。比如，我们总是说："你快把玩具收好！"可是，怎么收呢？如果你换成说："把玩具全部都放到整理箱里。"这样的指令就更加清晰了。

指令 = 目的物 + 程度 + 结果

把玩具 + 全部 + 放回整理箱

情境小练习：设计最小动作

试试看，翻译下你的指令，让它的最小动作更清晰。

①你想让孩子把衣服收好。

参考答案：把衣服 + 叠好 + 放进柜子。

②你想让孩子把手洗干净。

参考答案：洗手 + 要打肥皂搓 7 下 + 肥皂全部冲掉。

③你想让孩子预习课文，整理好词好句。

参考答案：课文 + 通读 3 遍 + 把成语全部挑出来。

在设计最小关键动作的时候，也有一些诀窍：

亲自示范

说了很多遍，不如亲自一起做一遍。就拿收拾玩具这件事来说，一起操作一遍，一边操作一边跟孩子解释动作："先装大个子的""书本要放在书架上""最后，把箱子放整齐"……孩子就很快掌握了。

由简入繁

一年级时，我是陪伴女儿一起做作业的，及时纠正坐姿，帮助计时、讲解、检查、纠错、发贴画。然后一起收拾书包，才能结束出房间玩。孩子的最小关键动作也都是比较简单的，坐直、写一页、指读一遍、算 10 道题、改错、装书包……二年级以后，我就不在房间里了，但是会检查作业，督促收拾书包。她的最小关键动作变成了每一科目任务完成，困难习题理解纠错，自己整理书包。三年级以后，我就只是按老师要求每日签字、问问有没有什么困难了。当写作业这件事变成了她在日常生活中的一个"流畅"的系列动作。这时候习惯就已经养成了。

动作分解

动作分解这件事，游泳教练做得非常极致。小朋友学游泳时，头几天，是趴在游泳池边上，练习手脚划水。然后扒着池子沿儿，浮在水面，练习蹬腿。同时，还有沉入水里的憋气练习。之后才是身上扎上浮板下水游，再把浮板一块块撤掉。最后一天，就是站在泳池边上，完全没有保护，突破心理障碍，扑通一声跳下水。

很多复杂的习惯，都需要这样分解之后进行练习。孩子才能掌握。"复杂"是相对于孩子的能力而言的，对于第一次写字的孩子来说，要先练习描红、再写简单的笔画、再从简单的字到复杂的字，越写越多。而对于已经有一定学习能力的孩子来说，学习动作可以分解为预习、听课、复习、阅读、整理错题本……很多孩子到了四五年级，发现学习习惯不好，是因为小时候的最小关键动作没过关。需要从头开始，回到整理桌面、开灯、拿出书本……

最后，奖励。就是做完了动作可以得到什么"好处"。奖励可能是来自父母高质量的肯定，也可以是一些实物鼓励，也可以是一种"自然奖励"，即完成任务后的成就感、好成绩。

奖励是一种强化，目的是让孩子不断重复动作，直到内化为习惯。

工具 29：推动的语言

我们在跟孩子要求做最小关键动作的时候，表达方式尽量使用积极的、推动行动的语言。而不是打击的、批评的。这样会让孩子更加愿意行动。

比如，让孩子养成饭前洗手的好习惯。

☞ **打击的语言**

不讲卫生，你又肚子疼！

你还不去，不洗不许吃东西！

又想偷懒了是不是!

🤚 **推动的语言**

正面意义：讲卫生的宝宝现在要洗手啦～

带入情境：你待会想用哪个味道的香皂？

给出选择：咱们走着去，还是跑着去？

增加趣味：快去，洗手池的小青蛙又等你了!

情境小练习：**戒断坏习惯**

这里讲到了如何养成一个好习惯，那么，如果有一个坏习惯，又该如何戒除呢？

在大脑科学的研究里发现，习惯是很难根除的。每一个习惯都对应一个特定的大脑神经回路，一旦触发就会产生几乎自动化的行为。就好像，你晚上只要一躺下就想刷会儿手机一样。那么坏习惯怎么戒断呢？靠意志力直接要求自己躺下马上睡觉恐怕有点难，还可能会导致翻来覆去睡不着。可以换一个思路——在同样的条件下，替换掉旧的行动，给予新行动奖励。比如，晚上一躺下，就开始读几页书，然后给自己个奖励。随着不断强化新行为，让新的习惯替换掉了旧的习惯。

注意：戒断坏习惯也同样不要使用打击的语言，这样反而会强化坏习惯。

想想看可以使用哪些推动的语言去强化和鼓励新的行为。

按下暂停键：

别让自己内心的焦虑占据了孩子成长的空间

上课时，有父母会问："现在好'卷'，我们也心疼孩子想放手，但又不敢放手，该怎么办？"这个问题确实有点难，谁又能完全轻松地置身于外呢？

我们为什么会"卷"起来了呢？

离开危险、保护自己，这是人类的一个本能。比如，你走在漆黑的街道上，感觉到不安全时，就会本能地加快脚步，赶快离开这个区域，让你赶快走到能够有光明的区域。这个本能"加快脚步"的行动在心理学上被称为"安全行为"。当今的时代，未来的不可预测或不明朗的生存状况，这对人来说也是一种内心的"危险"。这时我们就会产生非常忧虑的心理状态，焦虑就发生了。我们本能地需要"加快脚步""离开危险区域"。内卷就是一个最常见的安全行为。

安全行为的核心目的本来是为了回避、消除、减轻焦虑。一开始，可能是有用的。可是一旦深陷其中，就会忘记，自己当初其实只是想要"加快一点脚步"，但跑着跑着却制造出了更多的问题。

课堂上我和学员一起商量出了一个关于内卷的对策：跑两步、歇一步、看一步。

歇一步是要学会"按下暂停键"，允许自己休息、补充能量。只有这样我们才能有机会去"看一步"，即对当下的状态有觉察，对现实的情境做反思。然后，我们才能有决心对"被动"的行动放手，面向未来，做出"自主"的行动。

工具 30：自主他主对照表

清华大学积极心理学研究中心副主任赵昱鲲在接受《三联周刊》采访的时候说："很多努力的背后，其实都是焦虑使然。""真正有效的努力，要看你是否失去自己，看你的努力是自主的，还是他主的。"内卷就是一种典型的他主型努力。

自主的努力	他主的努力
自己发自内心想要的	被外界所操控，被压力、焦虑所驱使的
正面情绪驱动，感觉到兴趣、力量、成就感	负面情绪驱动，感觉焦虑、疲惫、自责
迎接困难，遇到挫折也能保持信心	应对比较，一旦做不好就会怀疑自己
得到结果之后，满足，有意义感	得到结果之后，短暂的快乐，空虚

情境小练习：识别假装努力

当我们的孩子早出晚归，学习很辛苦，又在结果上总是不太满意，又不开心的时候，家长就需要警惕：孩子是不是只是由于压力在被迫"努力"。这样他主的"努力"，不仅在结果上不理想，还容易伤害孩子的身心健康。如果有以下的情况，我们有必要按下暂停键，好好跟孩子谈一谈。

1. 看似专心听课，但是问学习了什么又含糊不清。

2. 写作业到深夜，但效率不高，精神状态差。

3. 边刷题边看答案，同样的错误反复出现。

4. 记笔记很在意形式，看起来也写了很多，但缺乏实效，没有重点、思路。

5. 补课很多，占用大量时间，一旦不补就不会。

想想看，还有哪些无效的"努力"：

_____

关键词：放手

思考题
为什么父母不在身边的时候，反而是孩子成长最快的时候？ 孩子为什么磨蹭、拖延，一离开父母的要求就什么都做不了？ 什么时候可以放手？放手要如何"放"？ 如何终结"吼作业"，帮助孩子养成好习惯、戒掉坏习惯？ 面对内卷该如何学会放手？如何才能把行动掌握在自己手中？

刻意练习：养成一个好习惯

请设计习惯三要素：条件、行为、奖励，帮助孩子养成一个好习惯。

同时要注意分解"最小关键动作"，多多使用最小动作指令、AAA 鼓励法和推动的语言帮助孩子养成好习惯。

	习惯	如何下指令	如何推动
关键动作 1			
关键动作 2			
关键动作 3			

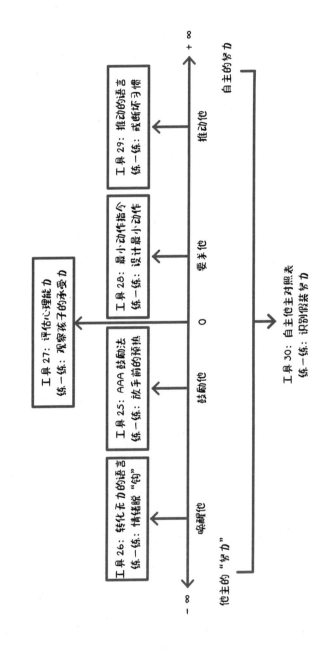

放手工具箱箱导图

第 6 章

决定，

接管自己的人生

关键词：决定

女儿在初中二年级的时候，我们全家人面临一个特别重要的决定，是继续在海淀强压力的学习环境下参加中考分流，还是提前转入文化课相对压力小的学校的美术班，开始专业学习，未来参加艺考。我和她父亲考察了相关的学校和集训画室，把各方面利弊都给孩子做了分析。希望孩子能自己做出这个重要的决定。

女儿说，"我一定好好完成初二的文化课考试，再去冲刺专业考试。我不想让别人觉得我是因为文化课压力大才做出这样的选择。是我要去选择艺术，而不是让艺术收留我！"我到现在还记得这句年轻人的"誓言"，接下来是两个月酷暑下高强度的备考，最终雯雯以优异的成绩被学校录取了。收到录取通知书的那天，她发了个朋友圈，说："从小热爱的美术，让我的命运小齿轮开始转动了！"

很多人问我，当初做这么重要的决定，依据的是什么？我回想起那天，我把集训的画架、画材买回家，雯雯在地上拆开包装箱……是女儿那一刻眼睛里闪出的久违的光，让我下定决心。

如果养育也有终极目标的话，我想，那就是让孩子寻找自己心底的"光"，去接管自己的人生。

思考题：

- 课外班孩子知道怎么选吗？能不能替他们决定？
- 做决定为什么重要？如何培养孩子做决定的能力？
- 家长为什么想让孩子听话？听话到底是不是好事？
- 立规矩一定要严厉吗？如何才能让孩子真正实现自律？
- 要不要让孩子吃苦？为什么要让孩子参与生活？

我来做决定

找到命运小齿轮：

养育，是帮助每个孩子成为独一无二的自己

在素质教育的影响下，为孩子培养一两门专长已经成为众多家庭的"标配"。很多家长这时免不了出现"选择困难症"。每个家庭的情况不同，专家的建议没法拿来就用。问孩子呢，小孩子也免不了"三分钟热度"或者"一问三不知"。

我们该如何遵循着孩子的"天性"，做出明智的决定呢？

课外班到底要不要上

女儿在小时候尝试学过唱歌、舞蹈、弹琴、画画……最终只有画画坚持了下来，并成为她的专业选择。回望这个过程，我有一些体会。

天赋很重要

什么是一个孩子的天赋？简单来说，就是孩子做这件事的时候，比其他事学得更快，进步更容易。

雯雯学习唱歌和画画都比较轻松，进步也快。但是学琴就特别困难。小孩子学习弹琴，不仅需要乐感、听音能力、手指力量……算数能力也很重要。她一看见五线谱上的"小蝌蚪"就晕菜，更不用说再加上手眼协调按准键盘……搞得每次都是手忙脚乱。我也曾考虑过，学琴的确不容易，是不是观察一段？但是后来发现每次练琴，都成为我们亲子关系的"灾难时间"，于是果断放弃了。

喜欢的可以先尝试

舞蹈是雯雯喜欢的，于是就让她先去尝试。每一次跳舞，她也挺开心。但是我去看她上课，总觉得不太对劲儿——她活脱脱把舞蹈跳成了"武术"，原来她的喜欢只是"蹦蹦跳跳"，对运动本身的开心。而且，由于她的骨骼发育属于比较大骨架，身体的比例和柔韧度也不适合跳舞。后来，我们用广场舞代替了去上舞蹈课。雯雯既保持了对"运动"的热情，又免去了每一次上课压腿的痛苦。

不要功利，但要坚持

雯雯学习唱歌，有一些天赋，也很喜欢。学习唱歌的初衷，是因为她小时候有点内向，希望她能去和小朋友一起唱歌，变得自信开朗一点。对于普通家庭来说，学习一项特长并非就是要去选择艺术之路，可以带着"学学看"的心情多学一段时间，再决定是否真的要投入进行专业的学习；也不要仅仅为了升学、加分，这些太功利的目标。这些都会减损孩子学习的热情。

虽不功利，但要坚持。一旦确定了要学习一门特长，就该定一个"学有小成"的小目标。让孩子在艺术的学习中体会坚持带来的回报，同时也能通过成果来评估孩子是不是适合。雯雯在四年级，通过了童声10级的声乐考试。也因为唱歌这个小特长，加入了学校的合唱团，参加了很多演出，长了见识，交了朋友。随着高年级学业压力增加，征求孩子意见后，放弃了继续在专业声乐领域学习。即使唱歌没有成为她的专业选择，也已经成为可以陪伴她人生的艺术伙伴。

最终，画画这个特长，在雯雯长期的学习中得以筛选、保留了下来。她喜欢、爱学，也能得到专业老师的肯定。从开始画儿童画，再到线描、素描，从课外班学习再到专业画室学习，通过努力完成了素描、速写的等级考试，最终走上了专业学习美术的道路。

作为父母，我们会在孩子成长过程中帮他们做很多很多的决定。我们也会遇到自己经验和认知的瓶颈，这时我们往往会去求助于更有经验的朋友、专家、想着去学习......可是，我们却忽略了，其实孩子也可以参与到这些决定中来。孩子的天性、孩子的感受、努力后的结果，会给我们指引出正确的方向。

他们才是自己人生最重要的决定者。

工具 31： 内心的线索

我们可以从孩子的以下表现中，听到孩子的心声和内在选择：

孩子的情绪线索	喜欢、好奇、开心、兴奋
孩子的语言线索	表达喜欢、爱分享感受、愿意提出问题
孩子的行为线索	注意力能集中、学习更快、愿意反复做、成果更好、愿意亲近老师、能克服困难、愿意挑战更高的难度

情境小练习： 发现孩子的天赋

请细心观察你的孩子在学习某一门功课，或者学习某一门专长、投入某个爱好时的表现，记录下相关线索，帮助你评估孩子的潜力。

　　他在学习＿＿＿＿＿＿时：

　　情绪表现：＿＿＿＿＿＿＿＿＿＿＿＿＿＿＿＿＿＿＿＿＿

　　语言表现：＿＿＿＿＿＿＿＿＿＿＿＿＿＿＿＿＿＿＿＿＿

　　行为表现：＿＿＿＿＿＿＿＿＿＿＿＿＿＿＿＿＿＿＿＿＿

维护"决定权"：

学会自己做决定，才有成为自己的可能性

小女孩不愿意剪去长头发，哇哇大哭，妈妈可以做主剪掉吗？

孩子想去挑战跳过一个"水坑"，你因为担心踩水脏，应该阻止吗？

孩子们有很多东西，在大人看来毫无用处，可以背着他们扔掉吗？

解决这些问题的背后，都隐藏着一个关键——我们是否剥夺了孩子的决定权？

决定权是一个人自由意志的根基，也是一个人实现自尊、自爱、自信的基础保障。因为决定权，影响着人的三大核心信念的确认——自我价值、自我效能和资格感。

🖐 "自我价值"是看重自己，感觉到自己是重要的、值得被爱的。好的自我价值感，就是"我很好，我值得拥有"的信念。

🖐 "自我效能"是评估是否能够成功地做到某件事的主观判断。好的自我效能感，就是"我行，我能做到"的信念。

🖐 "资格感"是有关我是否可以拥有一项权力、从事某些活动、即使自己不完美依然存在的理所当然，是"我有资格，我配得上"的信念。

如果我们大人"简单粗暴"地解决了问题，剥夺了孩子自己的决定权，就会动摇孩子内在的这些核心信念。小女孩"被迫"剪去长发，就算妈妈的理由很"正确"，也可能给她带来"我不可爱""我不可以漂亮"的感觉。如果孩子被勒令不许跳过水坑，被告知："不行！"或者在踩水后，被呼喝着说："你看看，就你逞能！"也会让他觉得我"做不到""我真差劲"。同样，如果孩子没有被告知就扔掉了可能他很在乎的东西，他也会产生，"我没有资格拥有"的想法。长此以往，孩子的核心信念会变得消极、自我意识也会被限制。

做决定的权力和能力，关乎孩子自尊、自爱、自信的发展。是孩子最重要的内心力量。孩子做决定的能力，不是天然形成的。小时候，他们无法表达，我们要多观察他们的"心声"，随着孩子长大，我们就要"刻意"去维护和培养他们自我决定的能力。

工具 32：做决定 3C 法

做决定是需要练习的。我们需要根据情境，事情的重要、紧急程度，以及孩子的现状，采用不同的方式去引导。可以通过给出选择、商量方案、划定范围的方法把"决定权"交还给孩子。

☝ Choose 给出选择

选择法是在家长可以控制的安全范围内，给出 2 个或者以上的选择，让孩子通过自己可以胜任的选择，保留自我意见。

☝ Confer 商量方案

商量方案，是要跟孩子说明利弊，让孩子自己参与权衡，并得出自己想要的结果。

👆 Confine 划定范围

划定范围是父母亲给出可以允许的边界和范围，在范围内允许孩子自己做出决定。

情境小练习：让孩子做决定

在本节开头的三个场景中（剪头发、跳水坑、物品收纳），你会采用哪种方式，让孩子自己做决定呢？

场景一：剪头发

参考答案：选择法 Choose

你来选择剪到多长好不好？这么多……还是这么多？

今天不想剪了，那我们换个时间再来，你觉得可以吗？

你想在理发店剪，还是回家妈妈给你剪？

场景二：跳水坑

参考答案：商量法 Confer

这个水坑有点大，跳不过去的话，新鞋子就弄湿了。你有什么办法，又能跳过去，又不把鞋子弄湿吗？

妈妈有个主意，我们先在路边跳，看看你能跳多远，然后你再选一个自己可以跳过去的水坑，你觉得怎么样?

场景三：物品收纳

参考答案：范围法 Confine

给你一个收纳箱，所有你自己喜欢的"小物件"需要放在收纳箱里，放进去的妈妈就不会丢掉。

除了哪几样，因为安全和卫生的原因是不允许保留的，其他的都可以保留。（也可以和孩子一起商量哪些需要及时处理）

孩子，不需要你听话：

"听话""好孩子""乖孩子"，都是对孩子的道德绑架

在网络上我看到过用生产线孵化、饲养小鸡的视频，心中五味杂陈。

鸡妈妈生的蛋被收集起来，然后集中运到孵化场，让鸡蛋在恒温的温室内自行孵化。设备会在适当的时候翻转一下装鸡蛋的盘子，以保证鸡蛋在孵化过程中均匀受热，每个孵化场一天就能孵化上万只小鸡。而小鸡从啄破蛋壳的那一刻开始，就进入了新的流水线，首先要经过一道人工检查，不达标的小鸡会被直接"处理掉"，合格的小鸡再从头到尾都被清理一遍。然后它们就被固定在各自的"小格子"里，进

167

行精细化的饲养。每日吃什么，做什么都是定时由机器操作的。就连长大成熟的时间，也被控制得"刚刚好"。

我常担心自己的孩子也像极了这样"听话"的小鸡，千篇一律地按照科学标准来养育，在教育的生产线上被要求定时定量地长大，还可能会被无情地淘汰……

雯雯初二后，学习压力越来越大，因为她保持了一定要完成作业的习惯，写起来很认真，难度大的也不放弃，每天都要写到很晚。我发现这个曾经让我欣慰的"听话"的好习惯，此时反而成为孩子的"束缚"了。看着孩子每日早出晚归，疲于应对作业，我也很是心疼。我和孩子开始重新一起研究如何不被作业"牵着走"！如何留出属于自己的学习时间。哪些作业是可以选做或者"放点水"的。我对雯雯说，妈妈支持你做出自己的决定，如果在特殊情况下，你因为自己的学习计划完不成作业，妈妈可以去跟老师沟通。我明确地对孩子说，"妈妈不需要你听话！"

父母为什么一定要让孩子听话呢？除了在这种"内卷"下不由自主地"卷"以外，还有很多家长有自己内心的"心结"。比如，过于在乎"外在的标准"、害怕自己控制不了孩子、要维护自己的权威形象......甚至还包括舍不得孩子长大。

我宁愿我的孩子不听话，也不想她被束缚在人生的"生产线"上。

工具 33：三个允许

允许孩子"拒绝"：可以不吃，可以不要，可以不做。

允许孩子"不说"：尊重孩子的隐私和秘密，也理解孩子可能说不出来。

允许孩子"顶嘴"：可以有反对意见，但是要约定，处理掉情绪后要好好商量。

情境小练习：打破允许的心结

做家长真的能够做到允许孩子"拒绝""说不"，甚至"顶嘴"不容易。因为我们也会有自己的"心结"。我们需要先处理好自己内心的担忧、焦虑、生气......才能更客观、更有耐心地去面对孩子的问题。

努力觉察一下，你的心结是什么呢？

_____

_____

若要打开这些心结，你可以如何去想，如何去做呢？

_____

_____

接管自己的人生：

从"听话"到"我决定这样去做"，是实现自驱力的宝贵蜕变

有的家长会担心，允许孩子不听话，那管不了了可怎么办？

不需要孩子听话，可不等于"没规矩"。在我们的印象里，一提到立规矩就会想起严肃的脸，想到"管束"和"惩罚"。你知道吗？其实立规矩也有不同的"操作"，不同的立规矩的段位也会养育出完全不同心态的孩子。

基础版：家长立规矩，为了避免惩罚，孩子需要去遵守。

家长单方面立规矩让孩子接受，违背了就挨罚。很多"听话"的孩子就是这样管出来的。当我们简单地把行为和

处罚放在一起，孩子只是因为怕处罚去做，而不是发自内心地去做，就会养成"听话心态"。这样孩子是没有自驱力的，学习也就是给家长学的。以后走上社会，也难免随波逐流，没有挑战权威的勇气，容易迷失自己。

升级版：孩子参与制订规矩，因为理解和认可，所以会主动去遵守这个规矩。

我们并非只是在"管"孩子，而是要让孩子明白，规则对自己也是一种有利的保护和督促。所以，让孩子参与到规矩的制订中来，孩子理解和认可了这个规矩，才去遵守。这样就激发了孩子宝贵的自驱力。养成一个"自我要求"的心态。在制订规矩的过程中，亲子关系是平等的，而非是对立的。正面管教的理念就是在遵循这样的原则：规矩＋关系＝响应；规矩－关系＝抵触。

高能版：和孩子共同审视规则，一起推动变革。

规矩订好了，孩子可以去审视这个规则，挑战这个规则，也可以去修改和推广新的规则。生活中，在孩子的能力范围内，可以由孩子自己主导制订和执行规矩。养成"自动自发"的心态。

拥有"自动自发"的心态，有能力"我决定怎样去做"的孩子，才能接管自己的人生，真正成为自己人生的主人。

工具 34：立规矩 5 正反

为什么你的规矩总是不管用？

可能是因为你：

当初一时兴起，想到哪说到哪，并没有"正式"与孩子约定。

你虽然正式说过，但有时候"一忙"，孩子违约了，你也没去处理。

你对这个规矩也不是很坚定，表现出犹豫不决。

自己也做不到，或者家里有其他人不支持这个规矩。

怎么做才能跟孩子有效地约定呢？

举例：约定这次去超市，不买零食。

正确：确定一个时间，咱们正式说。

出门前，认真对孩子说：待会儿去超市，我们不买零食哦。

反面 1：在生气骂人的时候立规矩，孩子会觉你只是生气，并不公平。

正确 1：说明为什么要定这个规矩，强化积极的因素，比如为了保护、为了做好。

家里零食已经很多了，吃不完会过期浪费，吃完再买还可以挑自己更喜欢的。

反面 2：强调是为了防范孩子，是因为他"不好"才立规矩。

正确 2：在约定完成之后，要孩子复述一遍，规矩是什么，惩罚是什么。

这样可以吗？你跟妈妈说下，咱们的约定是什么？

反面 3：在约定完成之后，恐吓吓唬孩子。或者出尔反尔。

正确 3：在孩子可能遇到违约的情境的时候，提前提醒，别忘了哦。

进超市之前，嘿！别忘了咱们拉钩的事哈。你可以帮妈妈选蔬菜。

反面 4：坐等孩子出现问题，好给他个惩罚看看。

正确 4：在孩子违反规矩时候，严格执行惩罚，但不破坏关系。

当孩子又想去买零食。

反面 5：不了了之。

正确 5：直接带走。

情境小练习：有效地约定

试试看，用"立规矩 5 正反"，你可以怎么跟孩子约定玩 20 分钟就回家呢？

1. 正式说：＿＿＿＿＿＿＿＿＿＿＿＿＿＿＿＿＿＿

2. 为什么：＿＿＿＿＿＿＿＿＿＿＿＿＿＿＿＿＿＿

3. 要求复述：＿＿＿＿＿＿＿＿＿＿＿＿＿＿＿＿

4. 提醒：＿＿＿＿＿＿＿＿＿＿＿＿＿＿＿＿＿＿＿

5. 违反处理：＿＿＿＿＿＿＿＿＿＿＿＿＿＿＿＿

在生活中磨砺决定：

在这个不确定的时代，让孩子通过"决定"拿回属于自己的确定

　　孩子做决定能力差，是因为他不够聪明吗？其实往往不是。孩子做不出决定，很多时候是因为生活的参与度不够。

　　三四岁的孩子一起挖沙子，有很多种玩具。每人只能选一样。有的孩子一直犹豫不决。身边其他小朋友很快就都选好了。聪明的妈妈，不是要责备她："这都不会选！"也不是直接帮孩子选一个了事。而是应该让她找机会把每个玩具都试一试。玩得多了，她自然可以做决定了。

　　七八岁的孩子一起在同学家聚会，玩什么游戏更好？我

发现那种孩子王，往往不仅对各种游戏了如指掌，还对哪些游戏适合在房间里玩，哪些游戏对人数有什么要求，非常清楚。他是个做游戏的"社交高手"，自然就显得比其他孩子更能做决定。

十三四岁的孩子，开始想自己买合适的衣服了。能做决定的孩子，也需要经过尝试，选择自己适合的风格，知道爸爸妈妈的"禁忌"，根据自己的家庭经济情况进行取舍。甚至她会跟妈妈一起参与购物的过程，了解质量、"避坑"、退货等一系列问题。有了经验就很容易做出决定了。

孩子的决定，往往来自她的个体体验、社交经历、过往经验。我们要让孩子多参与活动、参与社交，融入生活之中，才能提高做决定的能力。

在重大的事情上，也要根据孩子的承受能力，尽可能地让孩子去经历生活，哪怕吃点"苦"，帮助他完成内心的决定。

我有一个高中生的来访者，她父母都是普通的农民。她成绩很好，父母特别希望她考上理想的大学，改变自己的命运。可是她很迷茫，在网络上也看了很多有关"读书无用"的言论。自己身边有很多同学已经开始辍学赚钱，父母也年迈……高三马上就要迎考，她因为压力过大出现了抑郁的情况，她想放弃高考。我通过与她的沟通发现，她是一个思路非常清晰的孩子，抑郁的情况也不是十分严重，她其实只是陷入了一种对未来的迷茫之中。她的家庭经济情况，并不适合做长期的心理咨询，而且我觉得她的问题其实更需要在现实中去寻找答案。于是我和她的父母说明了这个情况，最后父母和她商量，同意她休学一年，利用假期先去打工试试看。

暑假过去了，她给我发来信息，说："张老师，我暑假去打工了。我发现没有学历能找到的工作很少。我在饭店做服务员，我并不怕辛苦。但身边的同事都是下了班就讨论要不要回老家结婚生子，要么就是打游戏。在这个空间里，我看不到我想要的人生。我已经决定回来读书，争取考上理想的大学。"

这个女孩，通过一个假期的生活体验，为她的人生做出了重大决定。

什么算重大决定呢？在我看来，也未必全是这样的有关未来命运的大事，只要是可能给孩子的心里带来重大感受的事件，可能给她留下心理阴影和强烈心灵触动的事，都算大事。

一个 3 岁的孩子，喜爱的宠物乌龟死了，如何处置是一件大事；一个 7 岁的孩子，在上学时候，是不是要转学也是一件大事；一个 14 岁的初中生，如果当众被同学嘲笑没了面子，就是一件大事……在这些重要的时刻，父母要能够在保证孩子不受到重大伤害和付出巨大代价的前提下，放手让孩子去体验，并陪伴他一起寻找解决的方法。毕竟痛苦、失去、挫败……也是人生。

别让孩子成为生活的旁观者，让他们去接管自己的人生。

工具 35：支持性语言

当孩子们在生活中经历磨砺无法决定的时候，父母可以使用支持性的语言，告诉孩子，慢慢来，我们在陪伴你。

☝ 需要爸爸妈妈能为你做点什么吗？

☝ 孩子，你如果决定这样做……爸爸（妈妈）支持你。

☝ 没有人天生就会，慢慢来，爸爸（妈妈）相信你一定能做到。

☝ 遇到困难是一件好事，说明你又有机会长大了。

☝ 你能战胜……了不起！

☝ 不管发生什么事，爸爸（妈妈）永远爱你。

情境小练习：支持性行为

行胜于言，在支持孩子做决定的过程中，家长的行为也十分重要。

想想看，我们可以用哪些有力的行为支持孩子做出正确的决定。

_____

_____

_____

_____

决定 Tips

关键词：决定

思考题
课外班孩子知道怎么选吗？能不能替他们决定？ 做决定为什么重要？如何培养孩子做决定的能力？ 家长为什么想让孩子听话？听话到底是不是好事？ 立规矩一定要严厉吗？如何才能让孩子真正实现自律？ 要不要让孩子吃苦？为什么要让孩子参与生活？

刻意练习：培养孩子的决定力

在日常生活中，刻意使用做决定 3C 法，来培养孩子做决定的能力。

记录下你遇到的问题，看看在其他章节中是否可以找到答案。

	做决定的事情	你如何说	结果如何
Choose 给出选择			
Confer 商量方案			
Confine 划定范围			

决定工具箱导图

决定

推动行动

工具 34: 立规矩 5 正反
练一练: 有效地约定

工具 31: 内心的线索
练一练: 发现孩子的天赋

工具 32: 做决定 3C 法
练一练: 让孩子做决定

家长提出

家长参与

工具 33: 三个允许
练一练: 打破允许的心结

工具 35: 支持性语言
练一练: 支持性行为

等待结果

阳光土壤篇

第 7 章

交流，

铺展爱的底色

关键词：交流

　　我和女儿都很喜欢一部电影——《美丽人生》。该片讲述了一对犹太父子在第二次世界大战期间被送进了纳粹集中营。父亲不愿意让儿子幼小的心灵从此蒙上悲惨的阴影，千方百计地跟儿子"解释"说，他们在这里是在玩一场"游戏"，各种集中营的"考验"都是游戏的一部分。遵守游戏规则的人最终能获得一辆真正的坦克回家。父亲忍受了饥饿、恐惧、恶劣的环境，每当夜晚，众人睡下，就跟儿子一起欢乐地总结今天的"游戏表现"，鼓励孩子坚持到底。

　　战争结束之际，纳粹准备在深夜逃走，进行大屠杀。父亲将儿子藏在一个烟道里，叮嘱他不要出来，说这是游戏的最后一关，想要过关就要坚持一整晚不出声。父亲在那一夜被枪杀了。天亮了，儿子从烟道里爬出来，看到了他的游戏奖品——一辆美国大兵的坦克车轰隆隆地开到他的面前……

我们关于人生的经验，是如何建构起来的？我们关于生命、爱、关系的信念，又是如何根植于内心的？是真正来自我们的出身、境遇、遭遇的事件吗？还是在这个过程中，我们最信赖的人给予我们的"解读"？

在日复一日的，最不经意的语言之处，交流之中，我们又给孩子铺展开来一种怎样的生命底色呢？

思考题

- 为什么孩子自卑、怯懦，容易被欺负？
- 不同年龄的孩子用什么方式交流更好？
- 说话不注意，真的有那么大的伤害吗？
- 高品质的交流要怎么做？
- 孩子为什么不爱跟你聊天？

使用爱的语言：

养一个幸福的孩子，就要在互动中学会使用爱的语言

幸福的人一生被童年治愈，不幸的人一生都在治愈童年。

根植在我们内心深处的童年经历，就好像是封存在"黑匣子"里的生命密码，一直都在潜移默化中影响着我们的思想和行动。儿童时期的感知是清澈而赤裸的，接收到什么，无论是不是理解，能不能记住，都会保留在潜意识里，累积成为我们生命的底色。

这些生命的底色是如何形成的呢？

心理学家观察母亲和婴儿之间的互动，为小婴儿在保证安全的前提下设置了一些恐惧、分离再重聚的观察情境，发现了母婴之间的三大依恋关系。这就是我们内心里有关

"爱"的不同模版，也是我们生命不同的底色。

安全型依恋

具有安全型依恋的婴儿似乎有两种彼此对等的能力，在他们感到安全的时候，能随着自己的冲动去探索周围的环境；在他们感到不安全的时候，又能自然地回到母亲身边寻求安慰。

回避型依恋

即使在陌生情境下，把婴儿放在一个会让人惊慌的环境，具有回避型依恋的婴儿看上去还是会出奇地"漠不关心"。对于母亲的离开或者回来，他们好像都无动于衷，只是不停地探索着周围的环境。他们的这种"冷漠"实质上是一种让自己不会悲伤的回避。

矛盾型依恋

具有矛盾型依恋的婴儿有两种，其中一种婴儿常表现出气愤，他们又要母亲的安慰，又要挣脱母亲的怀抱、大发脾气！另一种婴儿则很被动。好像难过得已无法接近母亲了。他们的内心里一直都在寻找一个缺席的母亲。这两种婴儿都对母亲到底在哪里太过于"纠结"，以至于无法自由探索。

第7章 交流，铺展爱的底色

无论是安全型依恋婴儿的灵活性和复原力，还是回避型、矛盾型婴儿对关系和外界的不适应和痛苦，都是与养育者互动的产物。

具有安全型依恋的婴儿一般拥有足够"敏感"的母亲。

能够对婴儿发出的信号和发起的交流进行恰当的反应。例如，母亲发现婴儿哭泣，会很快温柔地抱起他，母亲只在婴儿希望被抱的时候才这么做，而不是把自己的节奏或安排强加给婴儿。她们敏感而非焦虑，接受而非拒绝，合作而非控制，能及时地提供情绪支持。具有安全型依恋的婴儿长大后很有安全感，更容易建立起亲密关系，在人际关系中也更会使用资源。

具有回避型依恋的婴儿和矛盾型依恋的婴儿的母亲，对婴儿发出的信号是不敏感的，会拒绝婴儿想要连接的请求，抑制情绪的表达，在实际身体接触时会有些粗鲁、唐突，对婴儿的回应是混乱的、前后不一致的，给婴儿的情绪反应也是不可预测的，所以这些矛盾型依恋的婴儿只好采取混乱的、矛盾的方式，表达自己的依恋需求，持续地给母亲施加压力，这样才能使自己得到照顾。这些婴儿长大后，往往会遇到亲密关系的各种问题，容易自卑、怯懦。在关系里也特别容易被欺负、没有安全感。

正是这些"不经意"的交流方式，潜移默化之间塑造了孩子生命的不同底色。

工具 36：爱的交流密码

著名的"55387 定律"告诉我们，人际沟通效果的 55% 由说话人的形象、肢体语言、面部神情等"看得见"的因素决定，38% 是由讲话语气、语调、口吻等"听得见"的因素决定；只有 7% 的决定因素来自我们讲话的内容，这是需要"想得清楚"的部分。那么，"看得见"的和"听得见"的互动方式在语言尚未发育的儿童交流中，就更为重要。

爱的语言	伤害的语言
温柔的呼吸、稳定的心跳	焦虑、抑郁的状态
充满爱意的目光、放松的表情	痛苦、严肃、担忧的表情
温暖的拥抱、抚摸	回避身体接触、粗暴的肢体接触
敏感而及时的回应	前后不一致的、时好时坏的回应
耐心的口吻、徐缓的表达	粗暴、强势的谈话
沉默、在场	忽略、暴力

情境小练习：松弛感测试

你有没有发现，只有当你有"松弛感"的时候，就会自然而然地流淌出爱的语言。而你充满松弛感时，通常会表现为：

身体是柔软而放松的，哪怕有点小疲惫；

心情平静，情绪平稳，内在是有力量的；

思维方式开放、积极、中庸，并不执着于某个想法；

并不急着采取行动，但是具有行动力的，能够随时开始；

有选择和做出决定的能力，不纠结，不内耗；

享受关系，又不依赖关系，即使独处，也有安全感……

交流不光是说话：

父母是温暖的"大白"、投入的玩伴、智慧的老人、表演艺术家

很多跟孩子沟通的方法，比如，表扬、批评、询问、支持鼓励、引导习惯、立规矩……不同的家长用起来效果却大不一样。

这是怎么回事呢？

我总会提醒大家："注意，你的孩子现在几岁！"不同年龄的孩子，语言的发育，情感和认知的理解能力都大不一样，我们交流的方式，自然也会非常不同。

小童要重情绪交流

孩子在3岁之前，语言能力普遍没有得到充分的发育，

他们在互动中对词语、规则、道理的理解都是有限的。更多的，他们是在依靠情绪和身体的直觉去感受外界的互动。无论表扬、批评，还是询问，更多的都是依靠我们的表情、语气语调、肢体动作在传递"意义"。所以，夸奖的时候你竖起大拇指配合上扬的眉毛会更有效，批评时，你严肃但没有恶意的表情，收敛的肢体动作会让他更能体会"压力"。一个松弛的、不焦虑的母亲，就是孩子的避风港。

幼儿最爱游戏玩耍

几乎所有的动物幼崽都有玩耍的行为，因为游戏能培养出灵活的反应能力，以适应多变不可预知的环境，学习彼此协作。科学家做过一个实验，把一部分幼鼠单独饲养一段时间，再让它们和另外的经常玩耍的幼鼠一起做测试。这些缺乏玩耍的幼鼠，在理解食物机关，鼓捣开关取出食物的变通能力上，都要差很多。孩子的众多能力都是在游戏中学会的，从小到大，他参与游戏、控制游戏的能力也会不断进步。游戏本身就是一种非常重要的交流方式。

学龄前最喜欢讲故事

心理学家皮亚杰在研究儿童思维的过程中发现，儿童在心理发展的某些阶段存在着泛灵论的特征。就是把无生命的物体看作是有生命、有意向的东西来对待。尤其4～6岁的儿童把一切事物都看成和人一样是有生命、有意识、活的东西，常把玩具当作活的伙伴，与它们游戏、交谈。所以，从白雪公主到圣诞老人，故事中的一切孩子都以为是"真的"。讲故事，是与学龄前孩子特别重要的交流方式，他们通过故事理解"生活"，明白道理，还会提出很多千奇百怪的"问题"让父母来解答。

☝ "小大人"特需要正式谈话

孩子在上学以后，就特别希望父母把他当作大人来对待了。我们不再叫他"宝贝"，唤他乳名，跟他们沟通的时候，即使是简单的事情，也要郑重其事地像对待大人一样跟他交流。当他来说一件哪怕你认为不太重要的小事的时候，你也要认真对待、"郑重其事"地沟通。

☝ 青春期要学会"闭嘴"

孩子进入了青春期，已经不太想跟大人交流了，还会偷偷在朋友圈屏蔽父母。这时候如果你们还能像朋友一样聊聊天，已经很棒了。但如果我们的孩子从小被培养起了阅读的习惯，这时候，我们便可以通过书籍和孩子建立起依旧"深入"的交流空间。我们和孩子一起谈论书籍，谈论作者，把

更多可以引导、启发孩子生命的人，介绍到孩子的生命中
来，陪伴孩子前行。

工具 37：亲子交流方式

交流的方式	最重要的年龄区间
情绪的交流	1～3 岁，婴幼儿
游戏的交流	2～10 岁，幼儿及学龄儿童
故事的交流	3～7 岁，学龄前儿童
正式的谈话	5～15 岁，学龄儿童
持续的阅读	终身

情境小练习：模仿职业沟通

与特定年龄的孩子打交道的特殊职业的从业人员，通常
掌握了非常多的沟通技巧，我们可以留意观察，刻意模仿，
促进亲子沟通。

儿科护士怎么说：＿＿＿＿＿＿＿＿＿＿＿＿＿＿＿

幼儿园的老师怎么说：＿＿＿＿＿＿＿＿＿＿＿＿＿

课外机构的教员怎么说：＿＿＿＿＿＿＿＿＿＿＿＿

儿童节目的主持人怎么说：＿＿＿＿＿＿＿＿＿＿＿

修改"痛苦"模板：

不恰当的交流方式传递的伤害，会成为孩子一生背负的"情感负债"

很多家长不太理解，我明明是爱孩子的啊，只不过是有些时候"说话不太注意"罢了，真的就会伤害孩子吗？

在我们中国的家庭里，经常会有这样一些被我们习以为常，却会给孩子带来很多隐蔽影响的交流方式。

"唠叨"种下内疚模板

唠叨在我们的家庭很常见：今天又做了多少家务，怎么一件件地手洗了衣服、袜子，辛苦做好了饭又不吃……照顾孩子着实辛苦，心里也有委屈。不照顾又"心疼"孩子，怕别人说自己不称职。唠叨的背后，是有很多情感想要表达的。"唠叨"的交流给孩子带来的感觉是"这都是我的错""生活很苦"，特别容易给孩子制造一个"内疚模板"。

"指责""比较"种下自卑模板

当我们需要矫正一些行为，向孩子提出要求的时候，特别容易上纲上线，变成指责。好像说得越使劲，越严重，效果才会越好。

"别人家的孩子"，又是很多父母表达期待的另一个误区。很多人习惯了用比较的方式来表达"期待"。我们本来希望孩子能够变得更好，可是这样在无形中反而让我们的孩子变得更不自信了。

"担忧"种下危险模板

"儿行千里母担忧"，表达的是父母对孩子永远的挂念。但是把担忧挂在嘴边，却只能给孩子传递无休止的"焦虑"。要想能真正支持孩子，就要处理好自己的担忧，做点什么。否则就只会给孩子制造一个生活危机重重的危险模板。

"溺爱"种下自私模板

很多家长对孩子的付出非常多，可是孩子却不领情，甚至有时候还很愤怒。这是因为，在付出里，实在有太多对孩子的控制和期待。一个"包办"孩子生活的母亲，就好像"偷走"了孩子自己的人生。还有的父母非常溺爱孩子，藏着一种补偿的心理。这些包办和溺爱只会让孩子变得更自私。

千里之堤溃于蚁穴，错误的交流方式是关系最隐蔽的"杀手"。换掉痛苦的模板，才能把爱传递下去。

工具 38：积极表达模板

负面的沟通方式，往往和我们不太善于"直接"地表达情感有关。家长们对自己压抑的痛苦、委屈、焦虑、期待缺乏觉察，更缺乏直接的、积极的表达技巧。

表达愤怒，你可以说：

我不喜欢……

发生了什么，我很生气。

这件事是让我非常恼火的事。

表达悲伤，你可以说：

这一件事，让我感到很失望。

因为什么，我很难过，我为什么有这样的感受……

你说的哪一句话，让我感到很受伤，因为……

表达焦虑，你可以说：

我很担心……

我有些焦虑，我需要你帮我做点什么，能让我感觉好一点……

我不希望发生什么……因为……

表达懊悔，你可以说：

这件事让我很尴尬，因为……

我很抱歉，我没有考虑到……

我原本无意，没想到……很抱歉。

表达爱，你可以说：

我会支持你！

我想我能理解。

我很感谢你为我做了……

我爱你！

情境小练习：家庭观察

在孩子的养育环境里，不仅有父母，还会有隔代的祖父母、外祖父母，甚至保姆……每个人的沟通方式都会给孩子

带来影响。你可以留意观察下每一位家庭成员与孩子的沟通
方式，也可以把这一章的内容与大家交流或者推荐给其他人
阅读。

_____

_____

为爱停留"2分钟"：

被看见、被接纳是每个孩子的愿望

在课堂上，我设计了一个"2分钟复读机"练习。想看看在2分钟里，大家能不能"全心全意"地去交流。我要求学员背对背地坐在一起（面对面特别容易笑场），一方需要完整地重复对方所说的话，用这样的练习来"强迫"练习者把注意力完全集中在说话人的身上。

练习结束时，大家的普遍感受是，怎么"2分钟"会这么长？集中精力去听别人说话，太难了！相反，在这个练习中的表达者普遍反映，被人"全心全意"关注的感受实在是不错。如果，生活和工作中能有人这样听我讲话，就好了。

这时候我会问，在家里，我们给孩子，经常会有这样"2分钟"的全心全意倾听的时间吗？

教室里突然出现沉默。

一个全心全意的"2分钟"，竟然有着如此神奇的功效，然而我们却很少为最爱的孩子停留——"2分钟"。

其实，高品质的深度交流并不会占用太多的时间，难的是要做到"全心全意"。心理咨询是一项对交流深度和品质都要求很高的工作，如果我们也想给孩子一个高品质的交流，可以学习咨询师那样"做镜子""做容器"。

👆 给孩子做镜子，让孩子被看见。

"我考得不错！"

一个孩子经过自己的努力，取得了一个还不错的考试成绩。他迫不及待地把成绩拿给父母看，这时候，你会如何反应呢？

A. 不要骄傲，要再接再厉！

B. 怎么有一道基础题目做错了，这不应该。

C. 这么简单的题目，我觉得你本来是可以考进前五名都没问题的。

D. 看到你这么开心，我也替你感到开心，来，说说你怎么做到的啊？

父母在交流中对孩子的"反馈"是一次非常重要的"镜映"过程。也就是要给孩子当镜子，让他知道自己当下真实的状态、感受。让孩子对自己的感觉产生确定感，作为一种"自我认同"保留下来。这就是在交流中要给孩子"做镜子"。

要实现这个"镜映"，就要能真正地"看见孩子"。

第一个家长（A）讲了一个道理。虽然没错，但让孩子产生了模糊的感觉：到底我行不行，到底这次做得怎么样？我到底该不该高兴？

第二个家长（B）太早地就事论事，给孩子的情绪泼了冷水，也会让孩子产生自我怀疑。

第三个家长（C）有太多自己的想法和标准，"简单""进前五名"。在他的回应里，孩子只是听到标准，根本看不到真实的自己。

而最后一个家长（D），是一面清澈的镜子。他让孩子看见了自己的开心，增加了自我确定，如果之后再加上询问，你是怎么做到的？就会继续让孩子看见自己努力的过程和取得结果的关系。先做"镜映"，之后我们再去探讨不该出错的题目、下一次考试的目标，才会事半功倍。

👆 给孩子做容器，让孩子被接纳

"我考得不好！"

一个孩子考试考砸了，很是沮丧，他别别扭扭地拿出卷子跟你说明情况，这时候，你会如何反应呢？

A. 考不好没事，先吃点东西吧！

B. 怎么回事，我就说你总是不认真吧，你看看怎么样！

C. 我看你最近状态就是有问题，手机是不是又玩多了？

D. 考得不好，我看你挺难过的。妈妈能理解，你先休息下，咱们过会儿一起分析分析。

当孩子处于低落、困难、挫折之中的时候，他会有很多负面的情绪。这时候我们不仅要做镜子，告诉他我们看见了他的"难过"，更重要的是，要让他知道这些难过是被"允许"的。

我们要跳过自己想解决问题的冲动，先去"接纳"孩子。

第一个家长（A）转移了注意力，也想宽慰孩子。但这并非最好的选择。

第二个家长（B）急于指责孩子，还翻起了"旧账"，这么做无疑让孩子糟糕的心情"雪上加霜"。

第三个家长（C）从考试讲到了手机，问题越来越多，非常容易造成关系的紧张。

最后一位家长（D），做了一个"容器"。她接纳了孩子的难过、挫败，也控制和消化了自己的焦虑、着急。孩子在此时，被无条件地接纳了。这才是解决问题的前提。

工具 39：低品质回应方式

太过理性的方式：讲大道理、就事论事、纠正认知、提出标准

缺乏包容的方式：转移注意、假装宽慰、指责抱怨、推及其他

情境小练习：学习做"镜子"，做"容器"

认真研究一下本小节的两个案例，完成下面的练习：

✍ 做"镜子"

你的理解是：＿＿＿＿＿＿＿＿＿＿＿＿＿＿＿＿＿＿＿

你认为要点在于：_____

你打算怎么做：_____

☝ 做"容器"

你的理解是：_____

你认为要点在于：_____

你打算怎么做：_____

多聊八卦少聊学习：

如果孩子还愿意和你聊天，亲子关系就在线

雯雯上小学的时候，我每天都会接送她。我有一个观察，孩子上学时，一般家长在告别时的嘱咐都是："好好听课！认真学习！"而当接到孩子的第一个瞬间，一般又都会问："今天学什么了？作业多不多？"我曾经把这个观察讲给很多家长，大家都很有共鸣，大家笑着说，还真是这样！

可是如果换作我们是孩子，听到这些话的感觉又是什么呢？一天到晚，从离开家到再回家，父母的嘴里说的都是学习、学习、学习！孩子不厌学才怪。

所以我总是刻意地提醒自己，在跟孩子交流的过程中，一定

要多聊"八卦"，少聊学习。

什么是有关学校的"八卦"：

> 今天下课玩了什么，和朋友之间处得怎么样？
>
> 老师有趣吗？还是今天又发脾气了？
>
> 食堂的饭菜好不好，有你喜欢的鸡腿吗？
>
> 学校有什么新鲜事吗？我早上看见是校长在门口
> 执勤......

孩子上学的意义不仅仅是学习，校园就是他的"社会生活"，他在学校理解社会、学习社交、体会成长......这一切都远远比学习成绩更加重要。

学习当然也要聊。找到正式的时间，进行一次正式的谈话，把学习遇到的问题聊透，这样的效果比把对学习的提醒时刻挂在嘴边，要好得多。

工具 40：10 点把学习聊透

1. 孩子，你现在最大的困难是什么？（问问过程）
2. 嗯嗯。明白、能理解。（给予接纳）

3. 你觉得问题可能出在哪里了呢？（问问原因）

4. 那你觉得怎么解决比较好呢？从哪里做起比较好呢？目前能想到的办法是什么呢？（聊聊方法）

5. 你为什么会想到这么做呢？你是怎么打算的呢？（问问计划）

6. 这么做有啥好处？这个方法试过吗？做了以后会好一些吗？（问问作用）

7. 那我们接下来要不要订一个计划？需要妈妈提供什么帮助吗？（落实执行）

8. 孩子，你这一段时间都在坚持做，妈妈看在眼里！（表扬过程）

9. 你最近真是不容易，相当努力！（肯定态度）

10. 一定坚持，成功了咱们庆祝一下！（许诺奖励）

情境小练习：每日关键一句

想想看，每天在校门口跟孩子告别，除了学习还可以说点什么？

_____

设计一下，孩子回家第一句，说点什么？

_____

关键词：交流

思考题
为什么孩子自卑、怯懦，容易被欺负？ 不同年龄的孩子用什么方式交流更好？ 说话不注意，真的有那么大的伤害吗？ 高品质的交流要怎么做？ 孩子为什么不爱跟你聊天？

刻意练习：在谈话中使用爱的语言

准备与孩子进行一次高品质的谈话。注意，根据孩子的年龄选择最适合的亲子交流方式，使用"爱的语言"以及积极的表达模板。

谈话的要点	你如何说	结果如何

交流工具箱导图

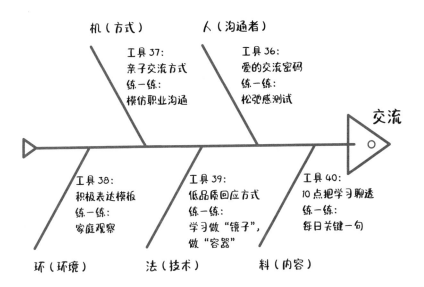

机（方式）

工具37：
亲子交流方式
练一练：
模仿职业沟通

人（沟通者）

工具36：
爱的交流密码
练一练：
松弛感测试

交流

工具38：
积极表述模板
练一练：
家庭观察

工具39：
低品质回应方式
练一练：
学习做"镜子"，
做"容器"

工具40：
10点把学习聊透
练一练：
每日关键一句

环（环境）　　法（技术）　　料（内容）

第 8 章

冲突，
在关系里修行

关键词：冲突

人民日报发布的《2022 国民抑郁症蓝皮书》数据显示，中国患抑郁症人数超过 9500 万。30% 是 18 岁以下青少年，50% 是在校学生。《2019—2020 年中国国民心理健康报告显示》青少年抑郁检出率高达 24.6%。在临床观察中，我们发现出现学业问题、厌学、网络成瘾的孩子越来越多，问题发生得越来越早。

在我的经历里，10 年前，抑郁还只是在心理咨询机构讨论的话题，但这几年，有严重情绪问题的孩子越来越多地出现在我的身边——我朋友的孩子、我女儿班级的同学、几乎每一次上课都会有来求助的学员……孩子们的问题层出不穷，亲子冲突让我们措手不及。很多家长，特别是妈妈们，开始不断学习，唯恐自己不"合格"。可这真的是家长出了问题吗？

如果 100 个孩子里有 1 个孩子出了问题，很可能是这个孩子发育的问题。如果有 5 个孩子出了问题，可能是这几个家庭的养育方式出了问题。当有 20 多个孩子都出了问题，意味着我们所处的环境，已经"不堪重负"。

我们在经历一个前所未有的焦虑时代，亲子冲突是家庭这口高压锅的"泄气阀"，孩子是系统里最脆弱的"无辜者"。

❓ 思考题：

- 🐤 存在完美的童年吗？养育的关注点应该在哪里？
- 🐤 为什么随着孩子的成长，会唤起父母自己曾在其小时候经历的问题？
- 🐤 父母亲吵架后，该如何降低对孩子的情感伤害？
- 🐤 为什么情绪控制不住？父母有情绪而骂了孩子后该如何挽回？
- 🐤 更年期的父母和青春期的孩子该如何好好说话？

家庭"小船"乘风破浪：

不必追求"完美"的童年，养育没有标准答案

我们的家庭在经历前所未有的挑战。

🖐 家庭的规模越来越"小"，养儿防老被颠覆

《2015 年全国 1% 人口抽样调查主要数据公报》显示，中国平均每个家庭户的人口为 3.1 人。而 20 世纪 50 年代之前，这个数字一直是 5.3 人水平之上。丁克、单亲、单身、空巢等微型家庭越来越成为常态。据统计 2021 年，独居和空巢老人将超过 1.3 亿。传统的养儿防老的模式都将发生颠覆式变化……

✋ 婚姻，不再是现代人的标配

民政部发布的数据显示，2018 年我国成年单身人口就已达到 2.4 亿人，其中 7700 万人处于独居状态。独居需要财富基础、社会保障和文化宽容。这些条件在当下的社会都变得更加容易实现。在中国《2020 "后浪" 婚恋观报告》显示，54% 的人认为和伴侣分开住、分开睡不会影响感情。"恋爱不同居，结婚不同床"的"LAT 方式"在国内也流行起来。

✋ 养育的代价与日俱增

年轻人对养育采取了谨慎的态度。传统的家庭观念里"传宗接代"的观念受到巨大挑战，年轻人更倾向于先完成学习、就业、自我发展，再考虑生育问题。巨大的养育、教育的投入也让很多人"望而生畏"。生儿育女不再是首要的人生任务，而成为个人深思熟虑之后才能做出的选择。

时代变迁，我们的家庭观、婚姻观、生育观，都在面临前所未有的挑战，价值观的冲突、女性主义的兴起，以及对未来的不确定感的迷茫……这些都让养育问题变得前所未有地复杂化了。家庭这艘"小船"遭遇着各种风浪颠簸，孩子的问题也自然多了起来。

所以，千万不要给自己扣一个"不合格"的帽子，更不要急于去找什么"灵丹妙药"，养育没有"标准答案"，也不要盲从所谓的"科学"养育方法。我们要勇敢地驾起家庭的"小船"，和孩子一起去乘风破浪，为孩子塑造起可以抵御风浪的健康人格。

工具 41：健康人格对照表

拥有健康人格的孩子的表现	人格缺陷孩子的表现
• 他们内在有安全感，容易找到自己精神的归宿 • 他们相信自己的价值，对生活充满信心 • 他们积极乐观，很容易信任他人 • 即使普通，他们也会坚信自己的价值 • 他们可以和其他人设置合理的界限，既享受交往，也不害怕独处 • 他们比较容易调节自己的情绪 • 他们珍惜自己，愿意为实现自己的价值而努力	• 每次和父母谈话时都会遭遇心灰意冷或者暴躁易怒 • 他们难以相信自己和身边的人 • 经常会有焦虑、抑郁、羞耻感、内疚感和罪恶感等复杂的情绪 • 难以和他人之间设置合理的界限 • 他们对自己有很多负面的评价，不认为自己值得拥有 • 他们对情绪调节有困难，经常会情绪失控 • 他们会自我伤害或在人际关系中去做出损害自己利益的行为

情境小练习：心力提升计划

对照健康人格的相关表现，评估一下自己孩子的"心力"状态，找到改善的方向。

我的孩子在哪些方面表现很好：＿＿＿＿＿＿＿＿＿＿＿

我的孩子在哪些方面需要改善：＿＿＿＿＿＿＿＿＿＿＿

孩子的表现和家长的沟通方式有关吗？＿＿＿＿＿＿＿＿

家长可以在哪些方面改进？＿＿＿＿＿＿＿＿＿＿＿＿＿

养育是一场和解：

在关系中留下的伤痕，会在关系中被疗愈

原生家庭的讨论曾经一度特别热烈，因为几乎每个人终其一生，都在寻觅童年所渴望的或缺失的东西。这些在原生家庭里的遗憾或者伤痛，都会在我们养育孩子的过程中，全部被重新激活。

伤痛的激活，是为了和解而来。

与父母和解

雯雯三四岁的时候，有一次深夜发烧，我独自一人在家带她，慌乱得不知所措。眼看各种物理降温无效，我决定出门去24小时药店买退烧药，又十分担心女儿会害怕。我一

边安慰女儿说妈妈马上就会回来，一边在凌晨冲出家门。从家里到药店往返的那一段路，我都不知道跑得有多快，只记得回到家双腿都软得站不起来。一夜未眠，我想起了小时候，我的母亲总是提起，当年父亲在部队，她一个人带我深夜去医院的种种。以前我总不解她的"抱怨"，那一刻我想我理解了她孤立无援的慌张。

🖐 与遗憾和解

小时候，我曾放弃了学琴，因为钢琴在那时候对普通家庭来说还算是个"奢侈品"。当雯雯开始学琴的时候，姥姥第一时间就给她买了一架琴，我更是激动地跃跃欲试，小时候练过的曲子竟然也都还能"上手"。直到雯雯每次练琴都折磨得我们娘俩痛苦不堪，我才发现，那些强加在孩子身上的"遗憾"真是害人不浅。于是，我弹琴，雯雯唱歌，母慈子孝又回来了。

🖐 与局限和解

我上学的时候，理工科不太好，雯雯偏偏也是这样。我想了很多办法，买辅导材料、补课、请一对一的老师……无奈女儿还是对我说，这个物理教材好像是一门外语。当我从那个"不甘心"里回过神来，想起自己当初也是磕磕绊绊地才熬到了文理科分班。孩子的弱点，很多时候也是我们做父母的局限，我们真的能接受吗？

👆 **与另一个生命和解**

上学的时候，我是比较专心学习的孩子，也是老师眼中的"好学生"。没想到雯雯却不是这样，她不仅上课不爱积极举手、下课还特爱"搞社交"。从小就给小朋友发贴画、上学了就带漫画书租给同学看、到了初中成了小伙伴中的"雯姐"……这个"画风"和我相差甚远，说实话我是又担心又不适应，直到我也学会了叫她"雯姐"，我们终于可以愉快地相处了。

我们终归是要与自己的命运和解，把自己从"过去"的命运里"解放"出来。在养育中，我们会重新经历痛苦的回忆、反复咀嚼爱恨交织的恩怨情仇，同样，也会发现自己的未知，拓展自己的局限，这何尝不是一场深度的修行。

养育，是我们与自己心灵的和解之旅。

工具 42：觉察原生家庭影响

不断觉察过去原生家庭的互动方式给我们当下的亲子关

系带来的影响，是养育中一项很重要的功课。我们可以从以下 5 个方面开始。

父母给予爱的方式	你的父母是忙里忙外地为你服务、洗衣做饭、收拾房间，还是经常询问你的成绩和生活，给你鼓励，又或是无休止地担忧，过度侵犯你的界限，让你按照他们说的去做呢？这些会在你的亲子关系里出现吗？
行为方式的模仿	你的哪些行为方式有着和父母一样的痕迹？比如，你对孩子说话的样子，常使用的句子；你和你的伴侣相处的方式，有哪些和父母之间相处方式的类似之处；你可以在生活中一一标记出来。
表达期待的方式	表达期待是亲子沟通和亲密关系中的重要任务。只有有效地表达才能加深理解，促进关系，否则就会破坏关系。当你的父母有期待、有需要的时候，他们会如何表达呢？当他们对彼此不满意的时候，又是如何处理的呢？你的处理方式和他们的像吗？
压力状态下的应对方式	当你的父母面对压力，他们是如何处理的？是会变得坚韧不拔、彼此支持，还是相互甩锅、彼此抱怨？是喜欢默默一个人承受，还是喜欢向别人倾诉？那么你自己，又和他们有相似之处吗？
人生态度的影响	父母的哪些人生态度，在潜移默化地影响着你？你有哪些内心的声音和父母是非常重叠的呢？他们对于养育的观念也在影响你吗？

情境小练习：修炼清单

细细盘点在过往家庭关系里，不恰当的沟通方式，把它们记录下来。如果这个方式也在影响当下的亲子关系，下定决心改变它。

不恰当的沟通方式：1.＿＿＿＿＿＿＿＿＿＿＿＿

2.＿＿＿＿＿＿＿＿＿＿＿＿

3.＿＿＿＿＿＿＿＿＿＿＿＿

4.＿＿＿＿＿＿＿＿＿＿＿＿

今后我要如何做：1.＿＿＿＿＿＿＿＿＿＿＿＿

2.＿＿＿＿＿＿＿＿＿＿＿＿

3.＿＿＿＿＿＿＿＿＿＿＿＿

4.＿＿＿＿＿＿＿＿＿＿＿＿

避免孩子卷入战争：

孩子对父母的忠诚是盲目的，他们很容易成为父母战争的牺牲品

　　我们在心理咨询中发现，很多青少年来访者，都生活在一个父母亲经常吵架的家庭环境里。吵架这件事，如果不能妥善处理，的确会给孩子的心灵带来了伤害。

　　随着大脑科学的研究发展，科学家们发现：在我们出生的头几年，大量无意识的记忆会保存在大脑的"杏仁核"里。这些记忆被称为内隐记忆。这些记忆不能主动回忆，很难具体化，是非言语的记忆。这是早年体验在我们的躯体和情绪上，产生的一个泛化的、未经整合的整体影响。例如，一个人童年早期父母经常激烈地争吵，那种紧张的氛围和传递的焦虑感觉、身体反应，会让他形成深刻的烙印。让这个人对任何可能会引起类似情况的情境都如履薄冰。内隐记忆中的不安、恐惧总是会在一些时候无法抑制地"释放"出来。比如，遭遇冲突就会莫名地感觉到慌张，进入亲密关系后，总是"莫名其妙"地情绪失控，不断地因为一些小事诱发与伴侣的争吵。这些都是内隐记忆在发生作用。因为在他的心灵深处，总是有挥之不去的争吵声。

父母亲由于各自原生家庭带来的模式、现实中的情感问题，以及育儿中的观念冲突，都难免发生争吵。孩子们特别容易被卷入父母之间的战争。

孩子们出于对父母的爱和忠诚，总希望自己能做点什么。

成为调解者，我要出手。

成为回避者，我要躲起来。

成为照顾者，我来安慰父母。

成为替代者，替代不在的一方行使"伴侣"的功能。

成为攻击者，替一方攻击另一方。

成为替罪羊，把罪责归于孩子。

成为承接者，成为负面情绪的出口，接盘者……

这些无意识的卷入，不仅不能解决父母亲的问题，还会让家庭关系变得更加复杂，同时，也给孩子的心理造成巨大的压力和伤害。

工具 43：吵架后弥补

成熟的父母会尽量不当着孩子的面吵架。一旦发生，要能够尽可能地消除对孩子的影响。

我们可以这样沟通。

- 💡 这不是你的错：用孩子可以理解的方式，告诉孩子争吵的原因，强调这是爸爸妈妈的分歧，不是你的错，更不是不爱你。

- 💡 出现矛盾是正常的：我们对重要的事的想法不一样，并不是不爱彼此。

- 💡 我们正在解决问题：我们没有控制好情绪，应该用更好的方式来交流与解决问题。

- 💡 理解你害怕的心情：恢复孩子的安全感，给他一个拥抱或者用其他方式平复情绪。

☝ 当着孩子的面和好：吵架已经过去了，让孩子看到"和好"的过程和状态。

提醒！如果反复吵架，即使这样表达也会渐渐失效了。

情境小练习：准备一个道歉

如果看到这里，你特别想对孩子表达歉意，请认真准备一下，并挑选一个合适的时机，与孩子做一次沟通。你也可以把自己想说的话写在纸上，用书信或便签的方式正式地与孩子交流。

_____

_____

_____

要解决问题先维护关系：

为什么容易对孩子发火？因为即使受伤，他们也不会轻易离开

在团体治疗小组中，我让每一位学员都拿了一张 A4 白纸。邀请大家在心里想自己最重要的一个关系人，可能是父母，也可能是爱人、孩子、朋友、领导。然后，回忆自己曾经和他发生过的各种冲突。每回忆起来一次，就把纸做一次折叠。最后，如果折起来费劲了，再想起来，就可以使劲揉一揉。5 分钟过后，我请大家把这张纸打开。如果这一张白纸，代表着你们之间的关系。那么现在，反复"折叠"之后，你们之间的关系变成了什么样子？很多人都沉默了，无

论我们多么努力地想抚平这一张已经揉皱了的白纸，都会发现，那些压痕，再也无法消失。

反复发作的情绪带来的内心"折痕"，特别伤害关系，但我们又总是控制不住，这是为什么呢？

每个人都会有处理内在情绪和冲突的不同方式，这在心理学上被称为防御机制。你可以简单地把防御机制理解为：人对痛苦感受的一种下意识的处理方式。防御机制是为了处理解决不了的内心冲突，其目标是把不能接受的不舒适感处理掉。

成熟的心理防御机制，倾向于面对问题、解决问题，把内心的痛苦转化为现实的解决方案，同时能够使用负责、幽默、利他和升华等方式来面对人生。而不成熟的心理防御机制，往往倾向于想要立刻去掉痛苦感受、把责任归咎于外、非黑即白，甚至通过对现实的幻想和扭曲来逃避困境。

网上流传着一句话说：不做作业母慈子孝，一做作业，鸡飞狗跳。我们为什么在辅导作业这件事情上有如此大的情绪反应呢？其实这就是家长们在压力下启动了防御机制。

把内心的"炸药"扔出去

最原始的防御机制就是把自己内心处理不了、承受不了的"坏"感受，这些糟糕的感觉，都"扔"出去，丢到另一个人头上，认为是他的问题。内心不够成熟的家长会把自己的工作压力、挫败感、对自己人生的失望在压力下通通扔给孩子。"作业"就成了替罪羊。

非黑即白、全盘否定

人在遭遇压力的情况下，特别容易启动比较原始的防御机制，也就是特别本能的、低级的反应状态，比如，分裂、否定、贬低。这就好像一个在气头上的人，难免非黑即白、非对即错。本来是辅导作业，几个回合下来，就变成了上纲上线，"你说，你到底错了没有！"

不切实际地理想化

人的内心世界越脆弱、越自卑、越是充满恐惧、无力，越容易表现出对现实世界的理想化倾向，在精神世界里虚幻出一种对现实的控制感。这种理想化的倾向特别容易表现在对孩子的过高期待上。为了商业利益，有些教育机构也在刻意塑造这种"理想化"——让家长们觉得每个孩子都可以去冲刺清华、北大，仿佛实现这些华丽的梦想轻而易举、志在必得。当"理想化"遭遇"鸡兔同笼"，难免就会破碎，因而恼羞成怒。

这些不成熟的情绪处理方式不仅不能解决问题，还会破坏亲子关系。我们需要在"情绪爆发"的第一时间里有效处理。

记得，先维护关系，再去解决问题。

工具 44：情绪处理 3 原则

💡 标记"冲动"信号

表达信号：比如，我说话的速度加快就是要急了。

情绪信号：比如，我一看到孩子慢就特别容易不耐烦。

生理信号：比如，我一跟这个人对话就心跳加速，手心冒汗。

💡 不要去想为什么：坏情绪 + 爱思考 = 更糟糕

在情绪爆发的时候，有些人爱想"为什么"。"这是为什么呢？""他为什么会这样对我呢？"结果发现越想越生气。要想顺利地打破自己的情绪状态，最重要的就是不要使用"思考"的理性机制，而是要依靠"生理"机制。

👆 使用生理打破法

情绪是一种能量，我们通过身体将其疏导出去，是十分快速、见效的方法。例如，深呼吸，散一圈步，喝一杯水，搓一搓手，这些都可以达到"打破状态"的效果。对话中，我们可以暂停一下，彼此都出去透透气，或者换一个轻松的话题。打破这个激发情绪的情境，注意力转移后，情绪很快也就褪去了。

工具 45：调停者谈话公式

平息怒火还是火上浇油？

如果是一位家长和孩子发生了情绪的冲突，另一位家长该如何去做呢？

👆 火上浇油的谈话

你哭什么，你妈说得对，不听话，换我我也骂。

行了，不哭了，你爸确实过分，下次注意点就行了。

你就知道骂孩子，你能不能控制下情绪！

👆 平息怒火的谈话

对伴侣说：统一立场 + 安抚情绪 + 做出行动

孩子确实不对，你消消气，我去跟他聊聊。

对孩子说：复述事情 + 感同身受 + 认同妈妈

今天你说谎，妈妈很生气，骂了你，可能你有一些原因，如果有，你一定告诉我们，妈妈其实是希望你做一个诚实的人，等下你情绪好了，咱们一起去找妈妈。

情境小练习：家庭约定

和家人们一起回顾下，最容易爆发情绪冲突的情况是什么？我们该如何避免矛盾升级，尽快平复情绪。然后再去解决问题。

容易爆发情绪的情境是：＿＿＿＿＿＿＿＿＿＿＿＿

我们如何"打断"：＿＿＿＿＿＿＿＿＿＿＿＿＿

每个人最容易平复情绪的方式是：＿＿＿＿＿＿＿

事后我们如何重启对话：＿＿＿＿＿＿＿＿＿＿＿

青春期点燃中年危机:

如果所有的谈话技巧都用不上了,还有一招撒手锏"闭嘴"

女儿 15 岁,身高蹿到了 165cm,比我高出了半个头。她开始爱"臭美",热衷和同学一起研究"恋爱八卦"。有一天她和我说起同班的一个男生,我莫名其妙地就来了一句:"他父母是做什么工作的?"说完,我和女儿都沉默了 2 秒钟,然后哈哈大笑起来。我的孩子突然就长大了。而当我再看到年轻小伙子,也已经开始进入"丈母娘"的心境了。

青春期的孩子特别容易和父母产生冲突,一方面是受到青少年心理特点的影响。青少年面临独立,期待分离,而自身的性格发展又充满不稳定性。

这时候的他们：

既叛逆又渴望引导，

既独立又需要支持，

既自信又超级敏感……

这样的"小刺猬""小怪兽"对父母既想拉近又要推开，特别考验父母情绪耐受能力和包容度。

而另一边，人到中年的父母们，面对青春期已经发育成熟的儿女，必然会被唤醒本能中自己对"衰老"的恐惧和死亡焦虑。在生物界中，下一代的成熟，可以繁殖，意味着上一代已经可以被淘汰。这必然会爆发出一种爱恨交织的张力。加上中年人大量的现实压力，在家庭空间里，就会特别容易爆发冲突。

网络时代的"自媒体精神""去权威化"，也让老父亲、老母亲的"权威感"遭受了崩塌式的威胁。

社会学家周晓虹结合我国国情提出了"文化反哺"的概念。简单来说，就是相较于父辈，新一代的年轻人拥有更好的物质条件和受教育的机会，同时，数字媒体的广泛普及使得他们拥有了更加广阔的与他人和环境建立交流的渠道，这一切都极大地拓宽了年轻人的认知边界和知识迭代的速度，让他们由传统意义上的"受教育者""经验接受者"成了"教育者""经验分享者"。这挑战了家庭中父母的权威地位，让传统的父母很难适应。

当家庭中迎来了青春期的孩子，父母也开始遭遇了自己的"中年危机"，甚至不得不开始思考和规划晚年生活。这对中年父母来说，是非常重要的历史时刻，也关乎我们整个余生的生活方向。而我们的孩子也在用自己的方式，跌跌撞撞地尝试着如何走进社会，实现自己的独立。

这将是我们和孩子的一场激烈的"告别"。

工具 46：青春期温馨提示

关于与青春期孩子的相处方式，很多专门的书籍都有详细的介绍。本书由于篇幅的关系无法展开，在这里给大家分享几点在沟通中的温馨提示。

- 不要因为琐事唠叨，学会闭嘴。

- 把自己的话当金子，说一句是一句。

- 避开他反感的话题，话不投机就停止。

- 不说教，减少下命令多交换意见。

- 沟通时间越短越好，一次一件事。

- 沟通完不要马上期待改变，多给孩子一点时间。

情境小练习：开始新的成长

家庭中迎来青春期的孩子，意味着分离即将发生，更意味着一种全新的关系，以及每个人都要面对的新的未来挑战。试着制订一个学习计划吧！

书单：＿＿＿＿＿＿＿＿＿＿＿＿＿＿＿＿＿＿＿＿＿＿

专家：＿＿＿＿＿＿＿＿＿＿＿＿＿＿＿＿＿＿＿＿＿＿

课程：＿＿＿＿＿＿＿＿＿＿＿＿＿＿＿＿＿＿＿＿＿＿

取经：＿＿＿＿＿＿＿＿＿＿＿＿＿＿＿＿＿＿＿＿＿＿

交流：＿＿＿＿＿＿＿＿＿＿＿＿＿＿＿＿＿＿＿＿＿＿

＿＿＿＿＿＿＿＿＿＿＿＿＿＿＿＿＿＿＿＿＿＿

关键词：冲突

思考题
存在完美的童年吗？养育的关注点应该在哪里？
为什么随着孩子的成长，会唤起父母自己曾在其小时候经历的问题？
父母亲吵架后，该如何降低对孩子的情感伤害？
为什么情绪控制不住？父母有情绪而骂了孩子后该如何挽回？
更年期的父母和青春期的孩子该如何好好说话？

刻意练习：重塑亲子关系

在养育孩子的过程中，我们要不断觉察原生家庭互动方式对自己和亲子关系的影响。试着去寻找一些方法，把过去的问题解决掉，与孩子建立起全新的关系。

互动方式	观察记录	反思	改变计划
父母给予爱的方式			
行为方式的模仿			
表达期待的方式			
压力状态下的应对方式			
人生态度的影响			

冲突工具箱导图

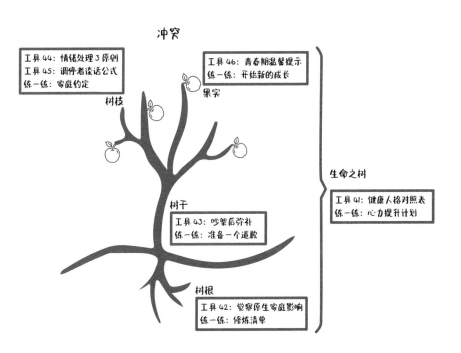

冲突

工具 44: 情绪处理 3 原则
工具 45: 调停者谈话公式
练一练: 家庭约定

工具 46: 青春期温馨提示
练一练: 开始新的成长

果实

树枝

树干

工具 43: 吵架后弥补
练一练: 准备一个道歉

生命之树

工具 41: 健康人格对照表
练一练: 心力提升计划

树根

工具 42: 觉察原生家庭影响
练一练: 修炼清单

第 9 章

陪伴，

我们终归普通

关键词：陪伴

很多人都问我，你是一名心理咨询师，陪伴孩子也一定很"专业"吧？其实，在家里，我也是个普通的妈妈，会发脾气，有自己个性的缺点和认知的局限。我的孩子有时候也会无辜"受伤"。在咨询室里或者是课堂上，因为要保持自己的专业形象，反而会努力要求自己好好按照"专业的标准"去做。

然而，"专业"真的就是最重要的吗？

我很早就学习心理学并在企业授课，那时候，也会讲亲子课程。在自己有了孩子后，经历了每一个普通妈妈所经历的"一地鸡毛"，我反而不敢随便讲这个课了，也越来越不敢轻易给出所谓的"专业"建议。没有人可以教别人怎么做父母，也没有人是完美的父母。我看到更多的家长，他们可能不懂技术，甚至"没什么文化"，但这并不妨碍，他们是孩子最信赖的人。

无论你是谁，我们都不过是和孩子一起，彼此陪伴着，度过了一段人生。

❓ 思考题：

- 🐣 陪伴需要什么科学的技术和方法吗？
- 🐣 单亲家庭就无法给孩子完整的爱吗？
- 🐣 陪伴孩子就一定要辞职吗？什么是高质量的陪伴？
- 🐣 为什么陪伴孩子会搞得家长筋疲力尽？
- 🐣 为什么我们做了很多，却离想要的越来越远？

陪伴

"有我呢"

陪伴就是"我在"：

得道者一线藕丝牵大象，盲修者千金大锤抡苍蝇

我们这一代父母，是最爱"学习"的父母，而且特别在意实用的技术和科学的方法。然而，我经常反思让技术和方法真正产生成效的又是什么呢？

英国的研究人员发现，第二次世界大战期间，伦敦遭遇了连续的爆炸。人们为了确保孩子们的安全，让孩子离开他们的父母，把他们迁移到远处的农场。有几千个孩子被送至远离爆炸区的农场，有另外几千个跟着父母在爆炸地——伦敦生活。战争结束后，安娜弗洛伊德，做了一项研究，把生活在郊区安全的远离爆炸区的儿童和生活在伦敦那里有爆炸

但跟父母一起的儿童，进行了比较。结果，跟父母一起的儿童，受到的影响比生活在郊区的儿童受到的影响反而要少。

在如此恶劣的环境下，那些父母是采用了什么技术和方法来陪伴孩子，让他们免受伤害吗？战火纷飞、饥不果腹，"专业"似乎没有什么"用武之地"，他们只是"在"而已。

存在主义心理治疗师欧文·亚隆（Irvin Yalon）是全世界公认的治疗大师，还是一名了不起的作家。他把自己的咨询经历写成了很多故事。在其中一个故事里，他也谈到了自己对技术的理解。

爱丽斯即将搬到养老院去，不得不卖掉自己的房子和那些充满回忆的精心收藏的乐器。此时欧文·亚隆正好有几天的假期会离开那座城市。治疗师知道这段时间对爱丽斯来说会比较艰难，就给她留了手机号码，让她在紧急的时候可以打电话。

当搬家公司开始清空爱丽斯的房子，爱丽斯体会到了一种令心灵瘫痪般的痛苦，她拨通了治疗师的电话。欧文·亚隆采用了各种各样的"技术"，希望爱丽丝能够安静下来，但都没能奏效，甚至爱丽斯挂掉电话认为治疗师非常冷酷。

过了两天，爱丽斯打来电话表达了对治疗师陪伴的感谢，说自己已经平静下来了。

后来欧文·亚隆分析了自己的这一段治疗经历，他认为真正起到作用的，是他的"在场"而非"技术"。在这一通艰难的电话中有一个隐藏的信息起到了至关重要的作用："就是无论你感觉多么恐慌，我都不会回避你或者抛弃你。"

养育是一件最需要付出和牺牲，最需要坚持长期主义、不追求功利结果的事。这与西方的追求实用主义、热衷高效技术工具、追求释放自我欲望、主张爱自己的这些消费主义的价值观，恰恰是背道而驰的。

专业技术、科学方法固然重要，但让这些最终产生效果的是父母的"在场"，是父母的"自我牺牲"的精神、陪伴孩子的"决心"以及永不放弃的"勇气"。

工具 47：不同年龄的陪伴

☺ 0 ～ 1 岁的陪伴是亲密无间的接触

妈妈的味道、肌肤的接触、温暖的怀抱、轻轻的耳语都是最好的陪伴。

☝ 1～3 岁的陪伴是情感的互动

这个时期的宝宝在发育依恋关系，情绪陪伴很重要，理解孩子的感受，目光的交流，一起翻滚嬉笑，在害怕的时候紧紧抱着她。

☝ 3～6 岁的陪伴是一起游戏，一起探索与发现

一起做游戏，带孩子去看电影，一起去参加各种有趣的活动，去大自然，解决孩子各种各样奇怪的问题，是这个时期最主要的陪伴。

☝ 6～12 岁的陪伴是支持他融入学校，获得自信

上学了，孩子背上书包独自走进"社会"，我们需要支持他交到朋友，帮助他完成学习的任务，鼓励他在群体里成为自信的自己。

☝ 青春期的陪伴是信任、允许、等待

退后一步，调整自己与孩子的关系，允许他按照自己的节奏成长成自己的样子，等待他长大成人，与你挥手告别。

情境小练习：给陪伴补课

很多父母因为工作忙错过了孩子小时候的陪伴，但是补

课永远都不晚哦。只要孩子还在身边，我们都可以好好拥抱、依偎，一起看电影、做游戏、亲密地聊天……跟孩子说："放心吧！有爸爸妈妈在！"

快快行动，做点什么！

妈妈力和爸爸力：

严父慈母，不是两个人，是孩子需要的两股生命能量

如今要求爸爸加入养育的呼声越来越强烈，养育当然不仅是妈妈的工作。孩子需要父亲和母亲同样多的爱和陪伴。那么孩子对爸爸妈妈会有什么不同的需要吗？如果面临离婚、单亲，缺乏一方父母的家庭，孩子就一定无法得到完整的爱吗？

在精神分析理论中，认为人获得精神世界的心智独立，需要获得两类力量。一类是有关养育、抱持、情感的滋养，这多数是母亲在做，被称为母性力量，是妈妈力。另一类力量则是有关规则、秩序感、向外探索，这一类养育职能多半由爸爸在做，是父性功能，是爸爸力。

你可以从这样的两个画面里去体会：

孩子在母亲的怀抱里，两者目光温柔地对视。这是妈妈力。

父亲牵着孩子的手，是保护者，父亲和孩子的目光都看向父亲指引的方向。这是爸爸力。

妈妈的怀抱和目光，爸爸的保护和引领帮助我们走进现实世界。

母性功能和父性功能，就如中国文化中的阴阳、乾坤一样，是不同的力量和能量。但是，母性功能并非只有母亲可以提供，父性功能也并非只有爸爸才有。一个爱做饭的爸爸也能烹饪出"妈妈的味道"。一个自信独立的妈妈，也可以成为孩子的榜样。心智充分独立的父母，在内心里会"雌雄同体"，同时拥有这样两种力量。既有爱和温暖，也同样具备规则和秩序感。

陪伴，就是在成长中给孩子提供这些不同的爱的功能。即使离婚或者单亲的家庭，只要孩子能够得到足够多的支持，那就是完整的爱和陪伴。相反，即使在拥有双亲的家庭里，如果这些妈妈力和爸爸力不够，孩子还是会感觉缺失。

工具 48：妈妈力爸爸力

孩子需要的妈妈力	孩子需要的爸爸力
温暖的拥抱和抚慰	规则感和秩序感
对情绪的理解和回应	坚定的保护力量
对情感的包容和接纳	向外探索、解决问题
心灵的知己	理想的榜样

情境小练习：加力计划

无论妈妈力还是爸爸力，都需要通过具体的"动作"来完成。比如，一顿可口的饭菜，一次知心的谈话，关键时刻的撑腰，一起立个规矩。

请你制订一个可以给孩子加力的具体计划吧！

妈妈力行动：＿＿＿＿＿＿＿＿＿＿＿＿＿＿＿＿

＿＿＿＿＿＿＿＿＿＿＿＿＿＿＿＿＿＿＿＿＿＿＿

＿＿＿＿＿＿＿＿＿＿＿＿＿＿＿＿＿＿＿＿＿＿＿

爸爸力行动：＿＿＿＿＿＿＿＿＿＿＿＿＿＿＿＿

＿＿＿＿＿＿＿＿＿＿＿＿＿＿＿＿＿＿＿＿＿＿＿

＿＿＿＿＿＿＿＿＿＿＿＿＿＿＿＿＿＿＿＿＿＿＿

保持爱的松弛感：

比陪伴的"时长"更重要的是，孩子收到了"爱"

据我观察，很多家长学习了心理学以后会得出来一个可怕的结论，如果没有在关键的时期陪好孩子，孩子心理就会有创伤，未来的人生必定坎坷无比。作为妈妈，因为承担了更多的陪伴责任，所以常常纠结要不要辞职，待在孩子身边才安全。很多妈妈因为现实的原因，无法在工作和带娃之间取舍，生怕伤害了孩子，感觉非常"内疚"。

如果我们把陪伴变成了一项重要的责任和繁重的义务，搞成了"负担"，那么你如此"小心翼翼"地留在孩子身边，他就真正能够感受"爱"吗？

陪伴是爱的连接。陪伴是否成功，取决于孩子是否收到了爱的感受。陪伴的"时长"并不重要，"质量"才是关键。

Concentrate 保留真空时间

真空时间，是放下工作，放下学习，放下手机，放下一切，静静地和孩子在一起的时间。只是和 TA 在一起，陪孩子做喜欢做的事，没有目标，没有计划，甚至没有语言。生活里需要这样真空的时间，哪怕只有 20 分钟，只是和孩子简简单单地在一起。

Classics 制造经典时刻

每个孩子的生命里，都有几件难以忘怀的"大事"，一次长途旅行、珍贵的毕业典礼、夏令营的魔鬼训练、一封信、一次畅谈，甚至一次大吵之后的拥抱。在那些孩子心里特别重要的事的回忆和画面里，有你在。这些经典时刻，和日复一日，同样重要。

Crumb 点滴用心连接

在孩子的午餐盒里，留下一张小纸条："下午体育课，要注意安全哦。"在不经意间，给孩子一个期待已久的小惊喜。每天晚上睡觉前，不厌其烦地说那句——"I LOVE

YOU"。摸摸她的小屁股，在怀里抱一抱。那些有感而发的点滴用心，都会在孩子的生命里留下痕迹。

Community 建立保护圈

孩子并不是所有的生活都和父母一起，其他重要的人的陪伴也很重要。祖父母、老师、小伙伴、邻居……建立起一个孩子的支持系统，同孩子的照顾者、教育者、伙伴建立良好的关系，让他们形成一个共同陪伴孩子成长的保护圈。

陪伴是爱的注入。陪伴的终极目的是用爱把孩子的心灵注满。注满温暖，注满尊重，注满安全，注满美好……这需要你能保持一种松弛感，自然地流淌、巧妙地用心。

爱，没有亏欠，但需"刻意"。

工具 49：高质量陪伴 4C

Concentrate 保留真空时间

Classics 制造经典时刻

Crumb 点滴用心连接

Community 建立保护圈

情境小练习：刻意陪伴

根据高质量陪伴 4C 法的启发，设计下你接下来的陪伴计划。

Concentrate 真空时间	Classics 经典时刻
Crumb 点滴用心	Community 保护圈

做个 60 分的妈妈：

深度陪伴不是深度消耗，允许自己和孩子一起成长

"伙伴们，我刚刚做完剖腹产手术，第一时间，训练营准时打卡！终身成长，成为更好的自己！"此处朋友圈这行文字的配图，不是产房、不是自拍、不是母婴合照，是一个演讲训练营完成今日作业的打卡截图。

"剖腹产手术""打卡""更好的自己"，我一时间真的无法把这几件事联系在一起。

我也是妈妈，也经历过这样的时刻。我还清晰地记得当我结束剖腹产手术，被抬回病房时，疲惫不堪、如释重

负的心情。那时候，刚刚只是见了一面的"小幼崽"还在护士站里被翻来覆去地清洗、打针、称重……我心心念念的是什么时候才能把她抱进来，先数一遍手指头、脚指头是不是数目正合适。我担心如果没有母乳怎么办，背在身上的麻药泵要是没了麻药夜里会不会很痛，输尿管这个东西真是人间尴尬……

难道成为母亲，不已经是我们此刻最值得庆祝的成长吗？

我们追求独立，追求生活事业的平衡，追求终身成长，其实很多时候都是在追求一个 100 分的自己。然而，我们就不可以做个 60 分的妈妈吗？

在简单心理的一份调研报告中显示，从孩子刚出生到孩子逐渐长大的过程中，新手妈妈会面临不同的挑战，家有 0～1 岁孩子的新手妈妈中，有 41.04% 表示"当事情出错时，会不必要地责备自己"。在这些感受上占比明显高于 1～2 岁及 2～3 岁孩子的妈妈。我们害怕不能做一个好妈妈带来的焦虑，会导致一连串的情绪问题。而这种有关"不够好"的情绪，还会在压力下，转而"扔"给他人，觉得我的伴侣不够好，我家的保姆不够好，我的环境和支持不够好，这带来了更多的焦虑和沮丧。调查中也显示，随着孩子年龄的增加，越来越多的新手妈妈感到"更有责任感，比以前更坚强了"，也更多地能"感到温暖而愉悦"。最重要的是，她们放过了自己。

在精疲力竭地一次次收拾后，一转身就又会凌乱的房间，让我们学会放下了对"完美"的期待。执拗的人类幼崽，让我们在遵从天性和维持秩序之间反复权衡，最终学会了"顺势"而非"控制"。我们挨过了宝宝发烧的漫漫长夜，也经历了孩子每个第一次的喜出望外。终于明白，凡事总归要有所取舍，也没什么事不可以过去。

我们学会了和遗憾及不确定和谐共处，不再期待成为 100 分的自己。

工具：本小节作者决定"摆烂"了，没有工具。没有练习。

把握每一个当下：

岁月漫长，我们和孩子都终归普通

  美国著名童书作家艾诺·洛贝尔写了一个有趣的故事——《青蛙和蛤蟆》。

  这是一只蛤蟆一天的生活。这一天刚刚开始，蛤蟆从床上坐起来，在一张纸上写下今天要做的事情清单。他写——"醒来"，既然已经醒来了，就直接划掉。然后写"吃早餐""穿衣服""去青蛙家散步""吃午饭""睡午觉""和青蛙玩游戏""吃晚饭""睡觉"。他一步步完成清单上的事情，每做完一件就划掉一件。

  当它来到朋友青蛙家，他宣布："我的清单告诉我，我们要去散步。"然后他们去散步了，蛤蟆就从清单上划掉了"和青蛙散步"。突然一阵大风把清单从蛤蟆手里吹走了，青蛙赶紧去追。但是可怜的蛤蟆不能去追，因为这不是它清单上面要做的事。所以蛤蟆只能坐在那里待着不动。

后来青蛙没有追回清单，双手空空地回来。蛤蟆记不得清单上还有什么事情需要做，于是它俩只能一起呆呆地坐着。最后，青蛙说："天快黑了，我要回去睡觉了！""睡觉！"蛤蟆大叫着跳起来："那是我清单上的最后一件事！"于是蛤蟆就找了一根木棍在地上写下"睡觉"，然后划去它，满意地感到自己终于过完了这一天。

我对这个故事印象深刻，因为看到它的时候，我手里正好拿着一张"清单"。

我和孩子刚吃完晚饭，清单上是接下来要去切好水果，赶紧督促着孩子休息一会儿、吃点水果好去抓紧完成作业。我一边洗着盘子，一边竖着耳朵听客厅里，打着游戏的孩子是不是已经结束了。因为现在的清单轮到写作业了……终于把孩子撵去房间做作业了，突然又想起明天课外辅导班的老师好像说要换一次课，赶紧在清单里补充一条，然后发微信去确认，一并确定明天接送、晚饭的计划……

而我忘记了，在清单里为自己写上——请坐下来，喝一杯咖啡。

就像我错过了心心念念的那一杯咖啡，我想我也同样错过了很多在生活中与自己在一起的点点滴滴的时光。在吃饭的时候想着切水果，在洗盘子的时候想着作业，冲完了咖啡又突然想起要确定明天的安排。就这样，不知不觉中错过了这一顿食物的美好，洗碗水的温度，咖啡冒起的香气，和孩子愉快的聊天……

生活，就这样溜走了。

在那些披荆斩棘迈向未来的日子里：

亲爱的爸爸妈妈们，请照顾好每个当下的自己！

工具 50：5 感书写法

在我的另一本书《焦虑是头大象：如何一口一口吃掉它》中，我为大家推荐了一种书写的方法，它可以陪伴我们化解焦虑，找回"当下"的力量。其中"5 感书写法"是最容易操作，也非常有效的。

你可以找到一个安静的空间，泡上一杯热茶，放一点轻音乐，让自己完全放松下来。拿出纸笔，随意地、自然地写下当下的感受。

你可以尝试使用以下的词语作为开头：

🐥 我看到：

你可以描述所见的颜色以及颜色带来的感觉；所见的光线以及光线强弱带来的感觉；试着写下一个你之前不曾发现的细节……

🐥 我听到：

你可以描述你听到的声音以及声音带来的感受；描述身边的环境里充满的各种声音以及它们是由什么发出来的；如果是在一个特别安静的环境里，你是否可以听到自己的心跳……

🐥 我触摸到：

用你手指轻轻地去接触一样物品，可能是一个瓷杯子，可能是一只泰迪熊。感受手指接触到它们时的温度、质感、软硬，这时候你可能想要对它说些什么……

🐥 我闻到：

试着注意一下家的味道；留意自己身体的味道，也回忆自己喜欢的人的味道，写一写味道里的记忆是什么……

恰如其分的父母语言

👆 我尝到：

把食物轻轻地放进嘴里，先不要咀嚼，注意到它的味道是如何慢慢扩散到你的嘴巴里的；有意识地咬上一两口，细细咀嚼，味道又发生了怎样的变化……

种种滋味，带你回归当下。

情境小练习：**此时此刻**

此刻邀请你，放下手中的书本，抬起头，环顾四周，由远及近，再由近及远……写下你看到和感受到的一切。

我看到：＿＿＿＿＿＿＿＿＿＿＿＿＿＿＿＿

＿＿＿＿＿＿＿＿＿＿＿＿＿＿＿＿＿＿＿＿＿

＿＿＿＿＿＿＿＿＿＿＿＿＿＿＿＿＿＿＿＿＿

＿＿＿＿＿＿＿＿＿＿＿＿＿＿＿＿＿＿＿＿＿

关键词：陪伴

思考题
陪伴需要什么科学的技术和方法吗？
单亲家庭就无法给孩子完整的爱吗？
陪伴孩子一定要辞职吗？什么是高质量的陪伴？
为什么陪伴孩子会搞得家长筋疲力尽？
为什么我们做了很多，却离想要的越来越远？

刻意练习：自我关照的书写练习

此时此刻......

陪伴工具箱导图

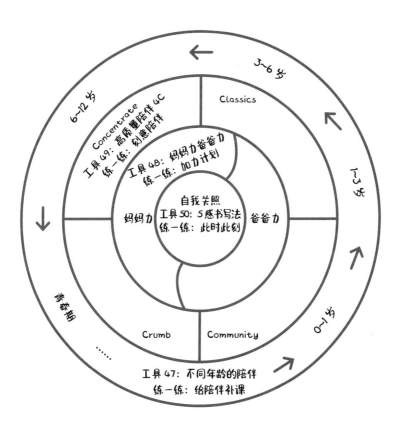

我不完美的梦

你陪着我想

给爱松绑

我的女儿为这本书绘制了插画。后记之前的这一篇，最触动我心。

因为，她把我设计成在她身后半透明的样子。

她 15 岁了，我渐渐开始不再是她生命中的主角。

这幅画，总让我想起我和女儿去厦门的旅行。

2013 年，我带着上幼儿园的她第一次独自出行。她对我百般依赖，对旅行充满热情，就像挂在我身上的一件行李寸步不离。满眼的三角梅、民宿里圆形的浴缸、鼓浪屿上盖章打卡……都让小小的她兴奋不已。

8 年后，她已经是一个初中生，我们再次去厦门，同行多了她的小"闺蜜"。两个人开始倾心于自己转悠，爱上星巴克和网红打卡地。她俩甚至查好行程，在我上课期间溜出酒店，坐公交车去了观音山和曾厝垵……

是的，我开始慢慢变成了一个半透明的妈妈。

在写作这本书的过程中，这 15 年养育的点点滴滴再次浮现。成为妈妈，我打开了一个又一个新的世界，挑战了一个又一个不曾想过的可能。同时，我也在学习接受与孩子的渐行渐远。

写完这本书，我还意外地完成了对自己的松绑。

这个松绑来自我不断地在追问自己：

"张老师，你教授的那些沟通的工具和方法，你自己每一次都可以做到吗？"

我必须诚实地回答："不能。"

我也只是个普通的妈妈。

有时候，做一个 60 分的妈妈真的已经足够好了。

"那这每一个方法，是否针对任何一个孩子都会有理想的效果呢？"

我也必须诚实地回答："不一定。"

生孩子就是开盲盒，每个孩子都是唯一的风景。

我学会了相信，自己才是养育孩子的最好决策者。

所以也请你："学会相信自己，给自己松绑。"

你不必为自己的某一句话说得不妥而自责；也不必为哪一次没有控制住情绪而担忧；更不要把这本书，又当作一个必须要完成的成长计划。成长，是为了成为我们最自在的样子，而不是要成为一个完美的自己。

松绑之后的我惊喜地发现"分离并不等于失去"。

我们只是在不断调整给予爱的方式，调整我们和孩子之间的"站位"而已。感谢我的孩子和我一起完成了这本书，让这次写作不仅成为一次回望，更成为我和孩子在新的"站位"上，面向未来的并肩而立、全新出发！

尽管养育的旅程中有各种各样的不确定，但如今我可以确定的是：在这个没有地图、无法重来的旅程之中，我触摸到了生命的质感，实现了自我的蜕变，创造了属于自己的风景！

你的旅程，终归也有你独特的风景。

养育，各有滋味。

爱，殊途同归。

享受孩子陪伴你的时光吧！

孩子们，谢谢你。

附录

与孩子一起成长的 45 个思考题

[夸奖] 思考题：

🐤 孩子夸多了会不会"骄傲"？

🐤 为什么很多夸奖没有效果，甚至适得其反？

🐤 怎么夸，才能促进孩子落实行动？

🐤 一旦不夸了就不做，这是怎么回事？

🐤 什么样的夸奖能让你的孩子越来越自信？

[批评] 思考题：

🐤 打是亲骂是爱吗？"棍棒"到底要不要挥？

🐤 孩子不接受批评，越批评越"逆反"是怎么回事？

🐤 批评和惩罚的"尺度"该如何把握？

🐤 哪些批评是我们冤枉了孩子的？

🐤 如何使用批评有效"纠正"孩子的问题行为？

[询问] 思考题：

👆 我们为什么会和孩子渐行渐远，如何理解他们的世界？

👆 如何向孩子发出让他们敞开心扉的邀请，让孩子愿意跟你说？

👆 如何通过有效的倾听，让你的孩子愿意说得更多？

👆 如何了解孩子所说的话的背后故事？

👆 当孩子还小或者自己说不清的时候，该如何去了解问题？

[支持] 思考题：

👆 玩手机、早恋、零花钱……怎么寻找这些问题的解决方法？

👆 在哪些时候我们是必须要给孩子撑腰的？

👆 自信的孩子是如何支持出来的？

👆 当家长也没有经验的时候，如何寻找支持孩子的方法？

👆 无条件地相信和支持孩子，会不会反而让孩子有压力？

[放手] 思考题:

💡 为什么父母不在身边的时候,反而是孩子成长最快的时候?

💡 孩子为什么磨蹭、拖延,一离开父母的要求就什么都做不了?

💡 什么时候可以放手? 放手要如何"放"?

💡 如何终结"吼作业",帮助孩子养成好习惯、戒掉坏习惯?

💡 面对内卷该如何学会放手? 如何才能把行动掌握在自己手中?

[决定] 思考题:

💡 课外班孩子知道怎么选吗? 能不能替他们决定?

💡 做决定为什么重要? 如何培养孩子做决定的能力?

💡 家长为什么想让孩子听话? 听话到底是不是好事?

💡 立规矩一定要严厉吗? 如何才能让孩子真正实现自律?

💡 要不要让孩子吃苦? 为什么要让孩子参与生活?

[交流] 思考题：

🐤 为什么孩子自卑、怯懦，容易被欺负？

🐤 不同年龄的孩子用什么方式交流更好？

🐤 说话不注意，真的有那么大的伤害吗？

🐤 高品质的交流要怎么做？

🐤 孩子为什么不爱跟你聊天？

[冲突] 思考题：

🐤 存在完美的童年吗？养育的关注点应该在哪里？

🐤 为什么随着孩子的成长，会唤起父母自己曾在其小时候经历
的问题？

🐤 父母亲吵架后，该如何降低对孩子的情感伤害？

🐤 为什么情绪控制不住？父母有情绪而骂了孩子后该如何挽回？

🐤 更年期的父母和青春期的孩子该如何好好说话？

[陪伴] 思考题:

🐥 陪伴需要什么科学的技术和方法吗?

🐥 单亲家庭就无法给孩子完整的爱吗?

🐥 陪伴孩子就一定要辞职吗? 什么是高质量的陪伴?

🐥 为什么陪伴孩子会搞得家长筋疲力尽?

🐥 为什么我们做了很多,却离想要的越来越远?